JN409979

서시_

착각의 시학을 위하여

하 제

오늘 여기
서로간의 인사와 만남은 없었지만
따뜻한 가슴과 지순한 사랑
마음 깊이 새겨진 풀 같은 시詩내음 속에
떨림의 시간 기다림의 모습들
첫선 보듯 설레는 심정으로
오늘을 기다렸습니다.

문학의 열정과 향기 가슴에 흐르듯
우리네 고품격 고품질 만남이여!
그 고독과 고뇌와 사랑이
영혼을 울리는 뜨거운 심장으로
타들어 가라!
그리하여
우리들 가는 길에 빛이 없어
어둠이 유혹할지라도
세상의 바람으로 깨우며

풀꽃 같은 인연들 주렁주렁 엮어 갈 때
우리들의 모습은
먼 훗날 착각의 시학에 들렀다가
그 우물에 빠져 수없는 인연을 엮어
다시 영혼으로 함께하는
착각에 빠졌노라고
말하고 싶습니다.

발간인

김경수 한국착각의시학연구회 회장. 시민예술대학 문예창작 지도교수. 착각의시학 문예창작 아카데미 지도교수. 한국문협작가상, 한국농민문학상, 전북환경대청상(문학부분) 외 수상. 시집 『서툰 곡선』 외 7권.

초대 시인

전덕기 사)한민족평화통일촉진문인협회 이사장, 사)한국기독시인협회 회장. 춘우문화관장 관장. 동원노인병원 이사장. 시집 『봄비』 외 다수. 『풍시조 일기 Ⅰ·Ⅱ』 외 다수. 노산 문학상, 제16회 한국기독교 문학상, 제18회 대한민국을 빛낸 한국인물대상 외 수상.

김년균 1972년 이동주 선생 추천으로 등단. 한국문인협회 이사장 역임. 시집 『아이에서 어른까지』 『사람의 마을』 『하루』 『숙명』 『그리운 사람』 『자연을 생각하며』 등. 한국현대시인상, 윤병로문학상, 윤동주문학상 등 수상.

허형만 전남 순천 출생. 1973년 『월간문학』 등단. 시집 『가벼운 빗방울』 외 다수. 일본어 시집 『耳を葬る』, 중국어 시집 『許炯万詩賞析』, 활판 시선집 『그늘』이 있다. 현재 목포대학교 명예교수.

손필영 서울 출생. 1999년 조선일보 신춘문예 당선. 제1회 아시아 창작거점 파견시인(한국문화예술위원회). 국민대학교 교양대학 교수. 시집 『빛을 기억하라고』 『타이하르 촐로』 외 다수.

초대 수필

임득호 중국흑룡간성 출생. 서울대 문리대 졸업. 한국문인협회 이사 수필문학추천작가회 부회장. 은평문인협회 회장 역임. 종합문예지 『착각의 시학』 편집고문. 저서 『선생님 회초리를 거두시지요』 외 다수. 서울 중구 문화예술인상, 한맥문학본상 수상.

초대 평론

정세문 본명 정정호. 서울대학교 영어교육과 및 동대학원 영문학과 졸업. 미국 위스컨신(밀워키)대학교 영문학 박사 학위 취득. 현재, 중앙대학교 명예교수. 문학평론가.

착각의 시학 사화집 제10호 참여 작가 (가나다순)

안재진 산문집 『고전 한 줄로 오늘을 생각한다』로 문학 활동. 시집 『찻잔에 고인 하늘』 외 다수. 산문집 『그릴 수 없는 새소리』 외 다수. 신곡문학상, 경북문학상, 방촌문학상 외 수상. 한국시인협회 회원. 수필과비평 작가회의 고문, 한국문학진흥재단 부이사장.

김송배 『심상』 신인상 등단. 시집 『물의 언어학』 등 10권. 평론집 『감응과 반응』 등 5권. 윤동주문학상, 조연현문학상 수상. 현재, 한국시인협회 심의위원. 목월문학포럼 중앙위원. 국제클럽한국본부 자문위원. 한통문협 문학교육관장. 한국현대시론연구회 회장.

오현정 1978년 『현대문학』 1회 추천['89년 2회 추천 완료(李元燮)] 시집 『고구려 男子』 등 6권. 한국문협 이사, 국제PEN한국본부 이사, 여성문학인회 이사, 한국시협 상임위원. PEN문학상, 월간문학동리상, 들소리문학대상, 중국장백산문학상 등 수상.

마경덕 2003년 세계일보 신춘문예로 등단. 시집 『신발論』 『글러브 중독자』. 『착각의 시학』 편집자문위원.

이성림 『문예사조』 수필 등단(1990). 한국신문학인협회 고문. 전국여교수연합회 · 선국문예창작학회 부회장. 명지전문대학 교수. 은평문인협회 고문. 저서 『고전문예론』 『수필강의록』 『생활한자』 『한국문학과 교훈연구』 등.

강명숙 『한국시학』 등단. 한국문인협회 독서진흥위 위원, 한국경기시인협회, 한국근로문화예술인협회, 청송시인회 회원. (사)한민족평화통일촉진문인협회 사무국장. 시집 『은유의 집 짓다』 공저 『바람에게 길을 묻지마오』 외.

고원구 한국문인협회 회원, 국제펜한국본부 회원. 경북문인협회 회원, 계간 『착각의 시학』 편집위원. 전前, 경북동부신문사 논설위원. 『열린문학』 신인상. 시집 『구름 나그네』 『길이 없어도 별은 뜬다』 외 다수.

김다솔 1993년 『문예한국』 등단. 현재 부산문인협회 이사, 사)한국바다문학회 사무처장, 통영문인협회 회원, 계간 『착각의 시학』 편집위원. 시집 『편지를 쓰고 싶다』 외 다수. 2015년 부산문학상(시 부문) 대상 외 수상.

김민채 경북 상주 출생. 한국착각의시학연구회 회원. 착각의 시학 시창작 아카데미 수료. 현재 사회봉사 활동 중. 공저 『詩가 아프다고 말할 때』 (2014).

김영미 충북 충주 출생.『문예사조』 시 등단(2003). 시집 『지렁이는 밟히면 마비된 과거를 잘라버린다』(2009) 그 외 공저 다수. 문학상 및 예술공로상 다수. 경기 광주 문인협회 지부장(2013~2014). 현재, 명예지부장.

김종권 충북 청주 출생. 『착각의 시학』 시 등단(2013). 시와 등산, 사진과 더불어 세상을 여행 중.

김효순 서울 출생. 한국문인협회 회원. 한국문인협회 은평지부 회원. 한맥문학 회원. 착각의시학연구회 회원. 풍경소리 회원. 시집 『겨울 봄 여름 그리고 봄』

고광자 시인 · 아동문학가. 한국문인협회 마포지부 고문. 국제펜클럽한국본부 이사. 대한민국공무원문인협회회장 역임. 한국여성문학회이사. 제주 한림문학회회장. 시집 『수채화가 있는 비양도』 외 13권. 동시집 『밤 하늘에 걸린 바나나』 외. 공무원문학상 외 수상.

권아올 본명 권중화. 계간 『문학과 현실』 시 등단. 착각의시학연구회 사무국장. 공저 『詩, 길을 묻다』(2012), 『꽃으로 오너라, 사랑으로 오너라』 (2013), 『詩가 아프다고 말할 때』 (2014).

김무영 거제문인협회 회장, 거제시청문학회 회장 역임, 경남문인협회 이사. 한국문인협회 문단정화위원, 한국시인협회 회원, 『착각의시학』 편집위원, 한국창작가곡협회 회원. 거제예술상 외 수상. 시집 『그림자 戀書』. 거제시청 근무.

김석림 충남 당진 출생. 1997년 계간 『믿음의 문학』 등단. 시집 『어둠 후에 빛은 오리라』 『한길을 가는 사람들』(공저). 한국문인협회, 한국현대시인협회 회원. 한국기독교문인협회 감사. 한빛교회 설교목사.

김유빈 계간 『다층』 시 등단(2014). 『시 길을 묻다』 『시가 아프다고 말할 때』 외 공저.

김화영 『대한문학세계』 시 등단. 재미 시인. 『시가 아프다고 말할 때』 외 공저.

박금자 전북 김제 출생. 계간 『문학과 현실』 시 등단. 살아있는 시 동인.

참여 시인

박두련 1960년 경남 사천 출생. 『시대문학』 신인상 등단(1999). 작품 「여울」 외 다수. 공저 『시가 아프다고 말할 때』 외.

박시균 군산대학교 국어국문학과 교수. 『착각의 시학』 시 등단. 한국어 음성 음운 교육론 (2014 한국출판문화산업진흥원 학술부문 공감도서(세종도서, 구 문화체육관광부 우수학술도서 선정).

방지원 서울 출생. 계간 『미네르바』 시 등단. 한국문인협회 이사. 국제펜클럽한국본부 심의위원. 한국시인협회, 한국가톨릭문인회, 숙명여대문인회 회원. 시집 『한 고슴도치의 사랑』『비단 슬리퍼』『달에서 춤을』『짝사랑은 아닌가봐』.

변길섭 『문학예술』 신인상(2007). 시집 『잡초를 뽑으면서』. 『시가 아프다고 말할 때』 외 공저.

설 주 본명 심영자. 전남 곡성 출생. 한국착각의시학연구회 회원. 착각의 시학 시창작 아카데미 수료. 현재 알리안츠생명 강남 지역단 근무. 공저 『詩가 아프다고 말할 때』(2014).

송상익 전남 장성 출생. 『착각의 시학』 수필 등단(2014). 한국착각의시학연구회 문예창작 수료. 『시가 아프다고 말할 때』(공저), 『베이비박스에 희망을 싣고』(공저).

신옥철 1996년 『월간문학』 시 등단. 경기도 문화예술상, 성호문학상, 심훈문학상, 오늘의 작가상, 아동문학 창작상 등 수상. 시집 『有神論 . 사랑할 수 없다』 외 다수. 경기대 문예창작학과 강의교수. 안산여성문학회, 안산시민문학대학 대표.

박순옥 군산대학교 평생교육원 시문학 수강. 신춘문예 수필 등단, 계간 『착각의 시학』 시 등단(2015). 저서 『웃음의 면역학』 장편소설 『인연의 강』 장편추리소설 『퍼즐』. 학술단체 월명소리 자문위원. 백련문학 동인. 군산여류문인협회 회원.

박홍균 서울 출생. 계간 『착각의 시학』 시 등단. 동두천시민예술대학 문예창작반 수료. 동두천 문인협회 회원.

백운순 한국문인협회 회원, 군산·전북문인협회 회원. 문학박사(원광대학교 국어국문학과). 원광대학교 외래교수. 노산 문학상 수상. 군산대학교 평생교육원(시, 시조, 수필, 창작반) 교수

서동안 전북 장수 계북 출생. 월간 『문예사조』 시 등단. 김삿갓 시인대회 운영위원, 문학청춘 및 시 산맥 정회원, 움시 운영위원, 동강문학 및 진안문협 정회원. 2013년 월간 『문예사조』 최우수상 및 다수 수상. 첫 시집 『꽃의 인사법』 외 다수.

성백원 한국문인협회 오산시지부 지부장 역임. 국제 펜 한국본부 회원, 경기시인협회 이사. 시집 『아름다운 고집』 외. 제3회 오산문학상, 제1회 한국착각의시학 창작문학상, 제1회 방촌 문학상 본상 수상, 제15회 경기문학상 작품상 수상.

송연주 시인·시낭송가. 한국문인협회 홍보위원, 한국문협 종로지부 이사. 재능시낭송협회 편집국장, 시산맥 화시동인. 다시올문학동인, 계간 다시올문학 운영이사. 제5회 노천명 문학상 詩대상 수상. 낭송시집 CD《대숲에 이는 바람의 설화》 외.

신을소 『월간문예』. 한국문협, 한국기독시협회원. 총회신학교 교수 역임. 시집 『황금꽃바구니』(1992) 외 5권. 시선집 『어느 간이역』.

참여 시인

양회올 문예지 『신문예』 신인상 등단. 한국현대시인협회 회원. 『착각의 시학』 기획이사. 공저 『시 길을 묻다』 외 다수.

여서완 본명 여현순. 여행작가, 사진작가. 계간 『한국작가』 시 등단. 한국문협, 국제펜한국본부, 종로문협 회원, 한국작가, 문학시대 동인. 한국사진작가협회, 성남사진작가협회 회원. 조인컴 대표컨설턴트. 시집 『사랑이 되라Be the Love』 『작은 갤러리 풍경』.

유나영 『한국시』 신인상 등단. 봉황문학 동인. (주)예나 이사. 시집 『풀섶에 앉은 이슬』 『마실 가는 길』 『겨울 밭에서 낚는 꿈』 『풀 각시야』 『그 겨울의 노래』 시조집 『낮달의 여행』.

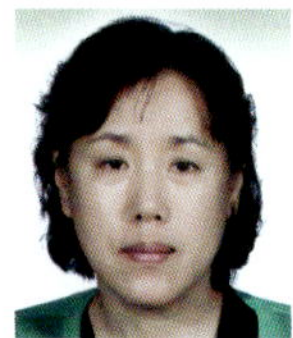

이늦닢 계간 『문예운동』 시 등단. 사)한국시인협회, 사)한국문인협회 회원. 계간 『착각의 시학』 편집국장. 제3회 착각의시학 창작문학상 대상 수상. 공저 『당신의 그리움이 묻어있는 아, 그 작은 부호』 『詩, 길을 묻다』 『詩, 공사 중』 『詩, 터잡기』 외.

이복섭 전북 김제 출생. 계간 『착각의 시학』 시 등단. 대한예수교장로회 총회신학교 졸업. 방주교회 개척, 시무, 은퇴. 한국 실버 복지회 고문. 기독문화 모임 명예회원. 한국청소년문화육성회 명예이사. 시집 『드릴 것 있습니다』(2004) 『부르짖는 눈물』(2014).

이삭빛 한국그린문학 발행인. 『착각의 시학』 전북지역 회장. 대한민국 미래를여는인물대상(문화인대상 2012), 여성가족부장관표창(2015) 외 다수 수상. 시집 『당신은 나의 푸른마중물』 『우분트UBUNTU』.

이삼헌 경향신문 신춘문예(시) 등단(1962) 『한국대표명시선집』(황금찬 외 공저 2008), 한국문인협회, 한국수필가협회, 한국기독시인협회, 국제펜클럽회원(시), 한국수필문학회, 한국현대시인협회 회원, 방촌문학상 수상(2011) 월간 수필문학에 월평 4년 연재 중.

이애진 『문학시대』 등단(2001). 한국시인협회 총무간사. 문학의집 서울 회원, 한국가톨릭 문인회 행사간사. 대학 평생교육원 출강, 문화센타 강사. 저서 『오늘처럼 비가내리면』 외 다수. 공저 『시의 이슬은 이 아침에도』 외 다수.

이연분 시인 , 시낭송가. 한국문인협회원, 충남문인협회 회원. 뜨락시낭송회 회장. 시집 『뼛속의 붉은 시』 외 다수 .

이종영 월간 『문학공간』 시 등단. 시집 『붉은 사과는 열리지 않았다』 『물꽃』 『들꽃 같은 사람』 외. 한하운 문학상 외 다수 수상 .

이희두 시인, 수필가. 총회신학장. 한국그린문학 회장. 환경한국 발행인. 저서 『소나무』 외 다수.

장문영 경북 예천 출생. 효성여자대학 약학과 졸업. 『한국문인』 시(2003) 등단. 문학공간상 본상, 동두천 문학상 수상. 시집 『가을 편지』 『숲 속의 푸른 언어』 공저 다수.

장성렬 전북 장수 출생. 1998년 『시와 시론』 봄호 신인상 수상 등단. 한국문협, 전북문협, 전북시협 회원. 한국문인협회 장수지부장. 장수 번암초등학교장.

장수현 충남 연기군 출생. 월간 『신문예』 등단. 사)한국문인협회 감사. 제27회 예총예술문화상 문학부문 수상. 제 2회 전국무궁화문학상 공모전 금상 수상(산림청장). 시집 『새벽달은 별을 품고』 동인시집 외 다수.

참여 시인

장재흥 논산 구세군 반석교회 특무, 안산 구세군 금광교회 담임사관, 안산 구세군 안산교회 담임사관, 대전 소망교회 담임사관, 현재 군산 구세군 군산교회 담임사관. 『작각의 시학』 시 등단. 백년문학 동인.

조경화 필명 다연多蓮. 한국문인협회 문학정보화위원. 국제펜클럽한국본부 정회원. 월간문학저널 수석부회장. 한국문학신문 사진국장. 한국불교문학 이사. 청송시원운영자. 시집 『또 다른 바람 너도 좋다』 외 공저 다수. 시화집 『탯줄 마르던 시간으로』.

조영갑 한국문인협회 및 한국수필가협회 회원. 국방대, 대진대 교수. 국방부장관 정책자문위원. 통일부 통일교육위원. 시집 『사랑의 덫에 걸린 행복』.

최수경 『해동문학』 시 등단(1996). 한국문협 동두천지부회장 역임, 국제펜 한국본부 회원, 계간 『착각의시학』 편집자문위원. 시집 『잔디 깎는 남자』 외 다수. 산문집 『정다운 마음』. 경기문학 우수상, 착각의시학 창작문학 대상, 동두천시 시민의장 문화예술상 수상.

하택례 계간 『착각의 시학』 시(2013) 등단. 계간 『한국수필』 수필(2014) 등단. 공저 『작은 창문 작은 거울』 『시가 아프다고 말할 때』 등.

김도연 충남 연기 출생. 본지 취재기자. 계간 『시사사』(2013) 시 등단. 한국착각의시학연구회 대전지역회장. 한국착각의시학 창작문학상 수상. 공저 『시, 길을 묻다』 『시, 공사 중』 외.

김인자 1959년 서울 출생.

정해현 월간 『한국시』 등단. 한국방송통신대학교 행정학과 졸업. 동두천시 선건관리위원회 사무과장 재직. 『작각의 시학』 운영이사.

조금래 전 한국방송통신대학교 교양국어 교수(예지각). 현재 EMH학원 대표이사. 종합문예지 『착각의 시학』 기획실장. 시집 『섬진강, 페달밟기』 외. 한국창작문학상 대상, 전북 환경대청상(문학) 수상.

채인숙 한국문인협회 낭송문화진흥위원회 사무국장. 종로문인협회 재무국장. 국제펜클럽 한국본부 회원. 경의선문학 이사. 한국sgi 문학부 부부장. 2012년 문학의 집 시낭송 은상 수상. 시집 『숨어있는 웃음』(2009).

최창일 1993년 시와 사람으로 시단 활동. 시집 『사랑하라 빛이 그립자를 아름다워 하듯』 외 10여 권. 산문집 『살아 있는 동안 꼭해야 할 101가지』 외 다수. 한국문인협회 홍보위원장 겸 대변인, 국제펜클럽한국본부이사, 한국현대시인협회 감사, 뉴스데이 주필.

현미정 월간문학 등단(2006). 한국문인협회 회원. 열린시 서울 자문위원. 불교문학 부회장. 불교문학 대상, 순수문학상 수상. 시집 『밀어』. 동화집 『썬그라스를 쓴 두더지와 한강제비』.

김경호 1968년 충남 연기 출생.

김종식 1962년 경북 영덕 출생.

참여 시인

이명숙 1967년. 경북 상주 출생.

임명철 1958년 강원 강릉 출생.

이정숙 1966년 경남 하동 출생.

임병관 1971년 제주 출생.

참여 수필가

강구원 호 편재(片才). 경북 문경 출생. (미) Vision Christian University 졸업(B.A). 고려신학교 신학원 졸업(M.Div). (미) Kingsway Theological Seminary 졸업(Th.M). 계간 『착각의 시학』 시 등단. 현재 갈보리교회 담임목사. 고려신학교 교장.

고소혜 본명 고경숙. 강원도 영월 김삿갓면 출생. 『착각의 시학』 수필 등단. 응암 독서동아리 회원. 은평구 민백일장 산문부 입상(2011). 은평구 민백일장 산문부 입상(2012).

박청자 『수필문학』 수필 천료. 『한국문인』 시, 소설 등단. 한국수필가 문학가협회 이사, 한국문인협회, 한국여성문학인회 회원. 한국 한시협회 회장. 수필집 『합죽선을 들고 다니며』 외. 시집 『한겨울 은빛 斷想』 외. 한국수필문학상 수상 외,

손순자 시인, 시낭송가. 『착각의 시학』 운영위원장. 문학의 집 서울 시낭송인회 회원. 동두천시 여성상(예능), 한국착각의시학 창작문학상 대상, 한국공간시인협회 본상, 제16회 순수문학 우수상(수필) 수상. 시집 『소요산 연가』 수필집 『행복한 여자』

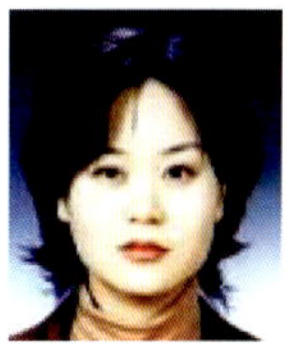

장선영 전남 장흥 출생. 양원학교, 한꿈학교 교사 역임. 『코스모스 문학』 수필 등단. 한국착각의시학연구회 회원. 공저 『詩, 터 잡기』.

권순악 소설가 · 시인 · 수필가. 한국문협문단정화위원장. 국제펜문학, 한국소설가협회, 한국수필가협회, 한국현대시인협회 회원. 저서 『꽃길따라 구름따라』 외 다수. 흙의 문예상 류승규문학상 외 수상. 롯데수필 강의 중.

김현찬 1993년 『시 2001』 시 등단. 2012년 『현대수필』 수필 등단. 한국문인협회 회원. 국제펜 한국본부 회원. 공저 『작은 창문 속으로』 『야 야』 『아포리즘 수필200선』 『프하하하 보헤미안』 외.

서이선 경남 김해 출생. 계간 『착각의 시학』 수필 등단. 한국문인협회 회원. 부산수필협회 회원. 한국착각의시학연구회 부산지역 회장.

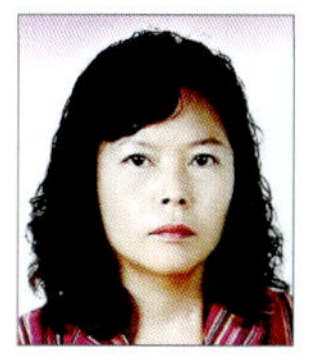

이경희 경기도 동두천 출생. 『문학과 현실』 시, 수필 등단. 한국문인협회, 동두천문인협회 회원. 공저 『시, 공사 중』 외 다수.

장정식 『한국수필』 천료등단(1996). 수필집 『多島海천백일』 외 6권. 기타 칼럼 다수. 광주수필문학회장. 한국수필가협회작가회장. 한국문협 회원, 한국수필, 수필문학 이사 현임.

참여 수필가

전명수 2011년 『문학과 현실』 수필 등단. 현재 전원일 문학촌 조성 추진위원장. 수필집 『모감나무는 여름을 서두르지 않는다』 『실개천에 부는 바람』 『전명수의 알콩달콩 여행기』 『이야기가 담긴 수필가의 산행기』.

최건차 필명 순담(淳潭). 일본 고베 출생. 참전국가유공자(육군대위). 『창조문예』 등단. 한국문협회원. 한국크리스천문협부회장. 실크로드탐사단장. 한국수필작가회 이사. 수원샘내교회담임목사. 저서 《진실의 입》 외 다수.

조동래 전남 광양 출생. 농업협동조합대학 졸업. 담배인삼공사 퇴직. 월간 『한맥』 수필(2002), 『문학과 현실』 시(2010) 등단. 시·수필·서예·신문기고가.

홍재숙 경기 부천 출생. 국제PEN 한국본부회원. 한국문협독서진흥회위원. 계간문예 이사. 지구문학작가회 감사. 한국여성문학인회 회원. 수필집『꽃은 길을 불러모은다』(2010). 제24회허균문학상(2011), 제45회 한민족통일문예제전 통일부장관상(2014) 수상.

참여 동화작가

이현자 『착각의 시학』 동화 등단(2013). 달고나동화창작연구소 회원. 동화집 『솔미와 양말인형 말랑이』.

참여 평론가

이정미 서울 출생. 중앙대학교 국어국문학과 졸업. 동대학원 박사과정 수료. 『월간문학』 평론부문 등단. 한국작가회의 부천지부. 부천소설가협회원. 한국착시문학상 대상 수상(2010년 평론 부문).

2015년 사화집 10호를 발간하면서

글 쓰는 이는 나와 너 그리고 우리 관계 속에 존재한다. 그 관계에서 빚어지는 갈등과 반목이 혹독할수록, 기쁨과 행복이 넘칠수록, 자기만의 정제된 언어로써 시인은 시를 읊고, 수필가는 산문을 쓰며, 동화작가는 동화를, 평론가는 평론을 쓴다. 이 작가들이 한 권의 책 안에서 서로 어우러진 사화집 제10호는 과연 독자들에게 어떤 언어의 풍경으로 비춰질까? 언어의 내면에 시나브로 도달하려는, 사유에 갇히지 않은 88명의 글. 이 글 속에서 너와 나의 또 다른 모습을 만나 볼 수 있을 것이다.

착각의 시학 사화집 제10호

시의 언어에 도달하기 위한 처절한 몸부림
-열 번째 사화집이 나오기까지

가장 위대한 철학자 중 한 사람인 독일의 이마누엘 칸트는 이미 300년 전에 “인간의 인식이란 사진기처럼 현실을 있는 그대로 받아들이는 것이 아니라 화가가 자신의 선호도와 감정을 첨가하여 그린 풍경화 그림처럼 받아들인다.”는 말을 했다. 이 말을 확대해 보면 우리의 생과 삶이 희망을 따라 달려가듯 시인은 영원히 남을 명작의 시 한 편을 위해 상상의 열차를 타고 달려가는 것과 다를 바가 없다.

시인 내면의 얼굴인 그 내면의 언어를 위해 우리로 하여금 언어의 내면에 시나브로 도달하기 위해 아주 가까이에서 우리에게 말을 건네는 말과 글을 다듬는 존재를 만나기 위해 오늘 이렇게 사유의 틀에 갇히지 않는 착각으로 88명이 모였다.

시인들의 언어에서 우리의 삶을 측량하고, 사회의 목소리를 측량하고, 날카로운 솜씨로 시간을 조각하는 까다로운 장인들- 러시아의 최고 문장가 투르게네프는 작품을 쓰면 일단 서랍에 넣어두고 3개월에 한 번씩 고쳤다 한다. 또한 헤밍웨이는 〈노인과 바다〉를 완성하기까지 무려 2백여 번이나 퇴고를 했다고 한다. 스마트폰 시대에 살면서 틀린 철자는 다반사요 맞춤법을 파괴하는 문자와 변형된 단어, 갖가지 이모티콘 등으로 만들어진 메시지를 받아보는 묘한 세대차이의 감정들-

회장 **김경수**

자신을 통해 영원한 고통의 언어 속을 찾아 가는 고독한 시인들, 저마다 하나의 모험 혹은 절벽과 같은 상상력으로 자신의 영역을 발견하게 될 것이다.

이제 우리는 오늘을 기점으로 11년의 세월 어깨 위로 오르고자 한다. 세상의 절박한 상황과 언어의 벌거벗은 힘에 대해 생의 갈증을 풀어줄 언어를 찾아 시에게 말을 걸어야 한다. 글쓰기와 삶이 하나 되는 그 신비 속으로 모험을 떠나야 한다.

자기 생각을 잘 길어 올려 사실적 체험과 오감으로 체득한 생각과 느낌을 풍부하고 생생하게 전달될 수 있는 기회를 가진 모두에게 감사와 함께 특별히 초대에 응해주신 문인文人께 고맙다는 인사를 올린다.

이천십오 년 십일 월 칠 일
녹번골에서

목차_

목차_

초대시 | 전덕기

석양 앞에서

해 맑은 고운 빛이
영혼의 거울 되어
아득한 가락들을
영롱하게 빚어낸다
가슴 에우며 탄다

무수히 던졌던 언어들
간절한 기원들이
회상의 자리에서 타오른다

콧날이 시큰하고
눈시울이 적시는
그리운 꿈들
맹세하고 갈구했던 모든 것이
한 장 한 장 종이로 타오르는 순간
석양 앞에서
내 온갖 그림자들이 다 타는가

여름밤의 환상

— 교산* 숲에서

틔울 수 없는 씨앗을 땅속에 묻은 채
나무들은 긴 그림자를 남기며
동해 푸른 물결 속으로 스며든다
어둠은 서서히 숲속을 덮고
대낮보다 밝은 마음의 광명은 전날처럼
감춰진 씨앗을 깨운다
교산蛟山의 허무에서 풀려난 영혼이다
홍길동의 검은 옷자락이 펄럭이는
끓어오르는 역사의 분노
살아있는 아비의 죄업을 짊어진 서얼庶孽
다듬지 못한 목각들이
묶인 밧줄을 끊고 밖을 내달리고
평생 남의 손짓으로
뒷골목에 감금된 눈 먼 군상들은
처음으로 외로움을 내려놓고
광야의 자유가 허용되는
환상의 축제를 벌인다
세월 속에 매몰되어 이 땅을 떠날 수 없었던 가련한 징벌
캄캄한 땅 속에 묻혀서도
날마다 두 딸 높이 쳐들고

잃어버린 이름을 부르는 발가벗은 생명의 눈빛을 생각하는
여름밤의 꿈
나는 그들의 노래 소리에 귀를 기울인다.

* 교산(蛟山)_①강릉 경포대 부근에 있는 작은 산 ②허균의 호

꽃이 말하다

올해도 이렇게 산다.
젖은 땅 소란한 시간 속으로
고요히 길을 내고,
약속도 없는 약속을 지킨다.
어제까지도 숨차게 뒤따르던
방탕한 이웃들을 문밖으로 내쫓아버리고
순하고 착한 날 받아
빛나는 얼굴 들며 활짝 웃는다.
진한 향기도 내뿜는다.
여기서 다시 열매 맺거든
달콤한 속살도 먹어보아라.
신기하여도 놀라지 마라.

평생을 이렇게 산다.
세월과 동무하니 늙지 않는다.
행여나 내 모습이 그립거든
너도 이담에 여기로 오라.

나와 너의 장법章法 . 42

작은 사슴섬 소록도에 갔다. 옛날엔 녹동항에서 뱃길로 갔었는데 지금은 소록대교를 건너면 적막한 경관이 눈길을 모은다. 한센병 환자들의 애환이 들리는 듯 어디선가 문득 한하운 시인의 '보리피리 불며/ 인환人寰의 거리/ 인간사人間事 그리워/ 피~ㄹ 닐니리' 한恨서린 낭낭한 음성으로 바람에 날려 오는데 오늘따라 한 인생의 일생이 서글퍼지는 것은 웬일일까. 아련히 묻어난 순수가 운명을 거스린 한 생애에 눈물로 번진다. 구라탑救癩塔 앞에서 이들의 고통을 잠시 묵념하고 공원 안에 편히 누워있는 '한하운 시비-보리피리'를 감상한다. '보리피리 불/ 방랑의 기산하幾山河/ 눈물의 언덕 지나/ 필~ㄹ 닐니리' 천형天刑의 환란患亂에 좌절하고 고립되었던 한하운 시인은 먼 길 떠나고 없었다. '낯선 친구 만나면/ 우리들 문둥이끼리 반갑다'던 '전라도 길-소록도 가는 길'엔 그의 영혼만 숨 쉬고 있었다. 그 봐, 진작 와서 이들의 애환을 듣는 체험을 했어야지. 너무 늦게 찾아왔는가? 침울한 적막만 오래 깊다.

석양

석양은 지기 전에 가장 빛난다
이 나이가 되어 바라보는
석양은 중천의 햇살보다 치열하다
치열하다는 것은 파동을 온몸으로 녹인다는 것이다
그동안 너는 나를 멀리했고 나는 너를 피했다
산다는 것이 별거냐고 하면서도
별것 아니게 언어를 벼려 창끝처럼 겨누다가
마침내 이 나이가 되어 바라보는
석양은 눈발 사이로 젖는 칼바람처럼 나를 떨게 하지만
붐비는 지하철이나 버스 안에서 꼿꼿하게 서 있는
나의 오기가 저 눈부신 석양을 닮았다

초대시 - 오현정

그 날, 오하우 섬에서

하늘과 바다가 파란 축복의 손을 잡고
코올리나의 파라다이스 코브 비치까지 왔다
우클렐레 은은한 연주와 신부님의 주례에
싱그런 약속이 태평양을 내다본다

호놀룰루 남동쪽 와이키키의 아침엔 소나기 퍼붓다
40여 분 달려온 웨딩아치 플로메리아 꽃길은
달콤한 해풍이 돌고래를 부르듯
삶은 깊이를 예측할 수 없는 보리수나무다

아들아
심지를 일으켜 가족을 지키는 불의 남자가 되어라
단숨에 야자나무에 올라 네 아내에게 코코넛을 주는 원주민이 되어라

레이를 목에 걸고 하와이 예복인 무무를 입은
어미를 보고 어릴 때처럼 웃는 아들아
폴리네시안 문명을 잘 보고 배워라

어제 본 마우이 섬 끝도 없는 사탕수수밭에서
생존과 번식을 위해 고군분투하던 우리의 조상들처럼
외로운 땀을 닦으며 만 리를 굽이굽이 가야만
오늘 뜬 찬란한 무지개를 만질 수 있다

목화木花

오던 길 잊지 않고
태양이 머무는 언덕배기 낮은 키로
붉은 대궁 눈송이로 하얗게 맺혔습니다.

성근 수건 머리에 쓰고
세월만큼 굽은 허리 그녀의 콧바람에
내 유년幼年이 다시 살아나고
허리춤을 옭아매며 허기진 배를 채우던
그 달콤한 땀방울, 질곡의 역사였습니다.

해질녘 붉게 흐르던 앞 강물처럼
가난에 떨던 꽃잎은 속적삼을 흠뻑 적시도록
차마 내 눈과 마주할 수 없어
마음 밖에 서성대던 낮달의 울음입니다.

허리에 찬 소쿠리에 목화송이 가득할 무렵
달짝지근한 우윳빛 사랑은 지금도,
세상의 가장 따뜻한 언어로 남은
당신의 숨결입니다.

진리 앞에
텅 빈 뼛속 오기 하나로 버티며 살아온
무명저고리
당신 앞에 겸허히 무릎 꿇습니다.

초대시 | 마경덕

얼음의 죽음

노점상 여자가 와르르 얼음포대를 쏟는다
갈치 고등어상자에 수북한 얼음의 각이 날카롭다
아가미가 싱싱한 얼음들, 하지만 파장까지 버틸 수 있을까

사라지는 얼음의 몸, 한낮의 열기에 조금씩 각이 뭉툭해진다

질척해진 물의 눈동자들
길바닥으로 쏟아지는 땡볕에 고등어 눈동자도 함께 풀린다

얼음은 얼음끼리 뭉쳐야 사는 법
얼음공장에서 냉기로 꽁꽁 다진 물의 결심이 풀리는 시간,
한 몸으로 들러붙자는 약속마저 몽롱하다

서서히 조직이 와해되고 체념이 늘어난다
핏물처럼 고이는 물의 사체들
달려드는 파리 떼에
모기향이 향불처럼 타오르고 노점상은 파리채를 휘두른다

떨이로 남은 고등어, 갈치 곁에 누워버린
비리고 탁한 물
이곳에서 살아나간 얼음은 아직 없었다

노점상은 죽은 생선에 자꾸 죽은 물을 끼얹는다

타이하르 촐로*

하얀 자작나무 숲을 지나
황야, 소리도 지운
멀리 비 내리고 사이사이 햇빛 내린다

몰려오는 먹구름 밑으로 불쑥 솟아나는 큰 바위,

낙타 탄 소년들이 묻는다
무얼 찾느냐고
오래된 그림이냐고

낡은 3층 건물처럼 높고 구석 깊은 바위를 돌다
소년들이 이끈 곳은
은빛 총알 하나, 작은 틈에
언제였는지, 작은 틈에
모래에 바람에 날아가지 않는 비밀

바위를 다시 한 번 돌아 나오자
"사란, 죽을 때까지 사랑해"
생명에 새긴 사랑의 서약이 돋아 나온다
(오, 눈부신 사랑! 저 서약이 인류를 지탱해온 것일까)

소년들은 떨리는 제 숨결을
지평선으로 우주로 쏘아 보낸다

타이하르 촐로, 사랑이 약속이 시작되는 곳

*아르항가이 체체를륵 솜('군'에 해당하는 몽골의 행정구역 단위) 주변에 있는 거대한 바위. 징기스칸의 전설부터 최근의 역사적 기록까지 새겨져 있다. 꼭대기로 올라가는 길은 보이지 않으나 아래부터 위까지 구석구석 글이 새겨져 있다.

덤이면 어때요

영님씨!

이 세상은 한 평생을 풀잎에 맺힌 아침 이슬 같다고 아쉬워하는 사람이 있는가 하면, 누에가 뽑아내는 명주실에 비유하며 또 백수라도 할 것처럼 느긋한 마음을 갖고 사는 사람도 있습니다.

이렇듯 우리의 삶은 보이는 이의 눈에 따라 다를 수는 있어도 그 누구도 세월을 비켜갈 수는 없을 것을요. 힘들게 살다보니 그것이 위로가 될 때도 있었지요. 세월 앞엔 가진 자와 그렇지 못한 자 모두가 공평하거든요. 그런데 요 몇 년 전부터 월력을 떼어낼 때마다 "세월 참 빠르네, 그 시절이 엊그제 같더니만." 하던 친구들의 푸념 섞인 말이 귓가에 맴돌곤 한답니다. 그 때마다 딱히 집어낼 순 없지만 왠지 아쉽고 허전해 지는 걸 느끼게 되네요, 이젠.

아직은 가끔씩 추억을 씹어보며 살 나이는 아닌 듯싶은데도, 되돌아보니 설레는 가슴으로 맺은 만남의 연이며, 가슴에 꼭꼭 묻어둔 그리움이 한 둘은 아닌 것 같습니다. 기억과 추억의 갈림길에서 서서 되돌아 볼 만큼 나이를 먹은 모양입니다.

그 중에도 지난 연말은 각별했습니다. 새해를 이국에서 맞는다는 색다른 감회, 그리고 새로운 추억거리가 기대되는 설렘. 핏줄의 천륜과 맺음의 인륜이 얼마나 소중한 것인가를 확인할 절호의 기회였기 때문이었지요.

그런 조금은 흥분되고 긴장된 마음으로 무오년을 보내고 기미년 새아침을 맞았습니다. 소풍날을 손꼽아 기다리는 세대도 아닌데, 덩달아 밤을 설쳤다면 믿겠습니까? 이른 새벽부터 몸이 달았습니다. 공항에서 만나기로 한 11시에 늦으면 안 된다며 그렇지 않아도 큰 목소리인데 눈까지 데굴데굴 굴려가며 재촉했지요. 그건 순전히 핑계일 뿐입니다. 실은 안절부절 못하겠더군요. 처남 내외의 배려로 동서들, 그리고 처형, 처제들까지 한 비행기를 타게 되었다는데 어찌 안 그렇겠습니까?

증오하면서도 부럽고, 낯선 듯하면서도 가깝게 느껴지는 나라, "거 일본이란 나라, 물가만 비싸지 뭐 볼만한 것이 있을라." 시큰둥한 반응 보이면서도 "누구나 한번쯤은 꼭 가보고 싶어 하는 나라. 돌아올 때마다 무언가 한두 가지 느끼고 배울 만한 것이 있더라는 나라"지요. 그런데 자매간의 찐한 가족애까지 덤으로 담아 올 좋은 기회기 때문입니다.

저마다 살아온 환경이 다르듯 처제와 동서들이 살아가는 방식도 다르겠지요? 이번 기회에 서로를 이해해보려는 노력까지 보태진다면 좋은 결실이 맺어질 수 있을 것 같습니다. 지난번 장인어른 제사 때, 유행의 첨단이라는 신주쿠 그곳을 눈여겨 들여다보면 '우리의 미래가 보인다'며 조심스럽게 정년 후를 귀띔해 주던 처남의 말이 생각납니다. 정년을 앞둔 자형들이 걱정되어서겠지요? 물론 보석을 볼 줄 아는 탁월한 안목은 있어야겠지만, 그곳을 둘러 볼 기회를 가진 것만으로도 복이라 생각해야겠네요.

'크고 작은 서점이 불황을 맞아 다투어 문을 닫거나 휘청거리는 우리와는 달리 거지도 책을 읽을 정도로 서점이 구멍가게만큼이나 널려 있는 나라, 생활 그 자체만을 즐기며 사는 꼼꼼 하면서도 낙천적인 민족성, 그리고 집집마다 잔고로 가득 채워진 저금통장으로 노후를 염려하지 않고 사는 사람들.'

일본에 대해 아는 것이라곤 고작 이 정도에 불과한데 우르르 몰려다니며 눈요기, 입요기나 하다 파김치 되어 잠들면 어쩌나 걱정이 되던데요. 그건 순전히 나의 기우겠지요? 나리타공항에만 내리면 고향에 온 것 같이 편안해진다는 처남이 누이들을 위해 짜임새 있는 안내를 약속했으니 좀 더 욕심 부려 볼까 합니다. 이렇듯 호기심과 기대를 반반 얹었는데도 설레긴 마찬가지네요.

"혼내本音 와 다따마에立乙前 첨단과학을 달리면서도 여전히 토속신앙에 매달리는 것처럼 저들은 겉과 속이 다른 의식구조를 가지고 산다는 것을 알고 나서야 조금은 저들을 이해할 수 있겠더라"라는 처남의 말도 생각나데요. 누군가 한 마디 했던가요. 오늘 이 축복의 자리는 맏동서 회갑연을 축하하기 위해 처남이 마련한 자리라 우리는 덤이라고. 맞지요?

잔치 상 받는 큰 동서同壻 내외를 위해서라도 들러리들이 장단을 잘 맞추어야겠는데. 나도 조금은 걱정이 되던데요. 그러나 어쩌겠어요. 편안하고 즐거운 여행이 되어야 하니 처남 내외의 배려에 맡겨야지요.

영님 씨! 우리 파이팅해요. 그리고 오래오래 내 곁에 있어주겠다고 약속한 거 잊으면 안 됩니다.

남은 인생 더도 덜도 말고 하루하루가 오늘만 같았으면 좋겠습니다.

이성림

부드러운 카리스마의 다스림

아비된 자, 어미된 자의 고심苦心 중에 하나는 자식을 출산하여 귀하고 의미 있는 이름을 짓는 일일 터, 세상에서 가장 좋은 것만을 담아 부르고자 할 것이다.

이와 관련하여 「삼국사기·삼국유사」에 실려 있는 '선덕여왕 이야기'는 현대에 시사하는 바가 여럿 있다.

선덕여왕의 아버지 진평왕은 사람 꿰뚫어보는 예지력이 있는지라, 세 딸 중에서 맏딸에게 왕위를 물려주려고 생각해 왔다. 바로 그 맏딸의 이름이 선덕善德이니, 이름 자字에 참으로 합당한 삶을 살아낸 인물이라 생각되어 새삼 그 의미에 마음이 머문다.

그것은 선덕이 한반도 최초의 여성 대통령으로서 매력과 미덕을 겸비한 아름다운 성품의 여성이었다고 유추해 볼 수 있다. 서로 흠집을 내기 위해 사생결단하는 요즘의 추악한 정치 판도와 비교해 볼 때, 과거의 어질고 자상한 심성으로 만물을 포용하는 여성성이 그리워지기도 해서이다.

네 가지 대목에서 선덕의 관인寬忍하고 총명함을 찾아 짐작해 볼 수 있다.

첫째 에피소드는 널리 알려져 있는 모란 꽃 그림과 꽃씨 이야기이다.

어느 날 당태종의 사신이 모란꽃을 가지고 왔다. 모란이 없던

신라의 신하들은 "우리나라에 없는 이 꽃은 보기만 해도 흐뭇합니다. 꽃송이가 이토록 크고 아름다울진대 향기도 아주 좋을 것 같습니다. 어서 빨리 화원에 심어 꽃도 보고 향기도 맡고 싶습니다"라고 했다. 그러나 공주는 그림을 자세히 보더니 빙그레 웃으며, "이 꽃을 당唐에서는 국화國花로 제일로 여긴다지만 한 가지 부족한 게 있구나, 빛도 곱고 꽃송이도 소담스러워 복은 있어 보인다마는 한 가지 향기가 없는 게 큰 흠이다. 향기 없는 꽃은 맛없는 술과 같거늘…… 그림에는 사실에 있으면 있는 대로 없으면 없는 대로 그리는 법이다. 너희들 말이 맞나, 내 말이 맞나 씨를 심어 꽃이 핀 뒤 알아보자"라고 하였다. 신하들은 공주의 남다른 시각에 놀라기는 했으나, 별로 찬동하지는 않았다. 날이 가고 계절이 바뀌어 모란이 피었다. 소담스러운 꽃이 곱기는 하였으나 과연 향기가 없었다. 사람들은 그제서야 공주님 말씀이 맞았다고 탄복하였다.

자연스럽게 신하들로 하여금 자신의 예리한 관찰력을 보여줌으로써 따르게 하고 있다.

두 번째 에피소드는 너무도 아름답고 애절한 지귀志鬼설화이다.

평소 선덕여왕을 너무나 사모하던 지귀는 여왕이 영묘사靈妙寺에 오신다는 말을 듣고 영묘사 탑에서 여왕을 기다리기 시작한다. 하지만 기다린 지 한참이 지나도 여왕은 오지 않는다. 기다림에 지친 지귀는 탑 옆에서 깜빡 잠이 들고 만다. 그 사이에 영묘사에 도착한 여왕은 잠든 지귀의 애틋한 사연을 듣고 자신의 팔찌를 그에게 놓고 간다. 잠에서 깬 지귀는 여왕이 다녀갔으며 팔찌를 남기고 갔다는 사실을 알자, 심장에 불이 붙어 온 몸을 태우고 말았다. 그 불은 탑을 다 태우고도 모자라 영묘사까지 태웠다는 것이다.

얼마나 낭만적이고 아름다운가. 사랑의 참 모습을 보여 준다. 숨어서 사모하는 여왕을 한번이라도 보고 싶은 마음에 한없이 기다리고 기다리는 지귀의 심정과 모습이 감동적이고, 그 이야기를 전해들은 여왕이 자신의 몸에 지녔던 팔찌를 놓아주는 따뜻하고 자상한 마음을 지닌 여왕. 신분을 떠난 지극히 아름다운 사랑의 장면이요, 모습이라 하지 않을 수 없다. 군주라는 근엄함과 딱딱함은 찾아보려야 볼 수 없는 자비로운 사랑의 마음 그 자체이다.

세 번째 에피소드는 어느 해 겨울 연못에서 흰색 개구리가 울었다.

이는 흉조라 하여 민심이 뒤숭숭한데 여왕은 신하들을 불러 군사를 동원하라 하였다. 여근곡女根谷으로 백제군의 기습이 있을 것이고 반드시 승리하리라는 예견이었다. 과연 그대로 백제군의 기습이 있었고, 신라군은 손쉽게 적군을 물리칠 수 있었다. 장군들이 부끄러운 마음을 갖고 여왕께, "어떻게 여근곡으로 기습이 있을 것을 알았으며 반드시 이기리라고 자신을 하셨는지요?"라고 여쭈었다. 이에 여왕은, "남자인 장군들에게는 말하기 거북하오, 그러나 천기天機와 군기軍機에 관한 중요한 문제이니 거리낌 없이 알리겠으니 후일의 참고로 삼으시오"라며 태도를 단정히 하고 엄숙하게 자초지종을 설명하였다. "좀 상스러운 설명이 되오마는 남근男根과 여근이 싸우면 처음에는 남근이 공격해 오지만 결국 여근에게 포위되어 죽고 마는 법이요. 주위에서 여왕이 다스리는 나라라 넘볼지 모르겠으나 여왕인 내가 다스리는 우리 땅 여근곡에서 남왕이 보낸 백제군대가 패하리라는 것은 음양의 이치가 아니겠소"라고 차분히 설명하였다.

단순히 선정적인 해법이라기보다는 자기 앞에서 온 세계의 남자 왕들이 굴복할 수도 있다는 여강남약女强男弱의 위엄마저 엿보인다 할 수 있다. 강인한 여성 지도자의 면모가 돋보이는 장면이다.

네 번째 에피소드는 자신의 죽음을 예견 한 후 장지葬地까지도 미리 지시했던 것이다. 그래서 신하들이 그 곳을 답사해 본 즉 과연 보통 사람이 보아도 명당자리라 할 만한 곳이었다고 한다. 여왕은 이렇게 사후 묻힐 곳까지 미리 준비해 놓았던 것이다. 그리고 몇 해 뒤, 예언한 그 날 모든 준비를 하고 자는 듯 앓지도 않고 잠든 채 그대로 극락왕생하였다. 국상은 미리 준비한 능소의 봉분만 파고 손쉽게 거행되었다.

일반 사가에서도 상사喪事가 나면 당황스럽고 어렵거늘, 국상國喪이 나면 얼마나 번거롭고 힘들까를 미리 알아차린 여왕의 섬세함은 실로 따르기 어렵다하겠다. 이러한 면모는 남성으로서는 도저히 챙길 수 없는 여성만의 치밀함과 섬세한 처신이라 할 수 있다.

이처럼 선덕여왕은 남자 왕에 못지않은 모습을 보이고 있다. 신리 향가 안민가安民歌에서도 임금을 아비로, 신하를 어미로 백성을 자식으로 삼는다면 얼마나 잘 다스려지겠느냐고 노래하였다. 나라 지닌 음덕으로 이 땅에서 잘 살지 왜 다른 곳으로 떠나겠느냐고 하였다.

모성성을 지닌 어머니의 마음으로 백성에게 선정善政과 선덕善德을 잘 베풀었다. 뿐만 아니라 충성스러운 신하를 잘 발탁하여 백성들을 살피고 나라를 평화롭게 다스려온 선덕여왕의 부드러운 카리스마가 그리워지는 요즈음이다.

이상李箱시의 기독교적 상상력

들어가며: 이상한 가역반응과 역설의 논리

인간의 종교와 영적 문제는 근대 이후 언제나 존재의 중심부에 존재하는 무의식의 지대인 동시에 초월적인 주변부로도 존재해왔다. 인간의 종교적 상상력이란 것이, 언제나 생로병사를 넘어서는 인간 존재의 궁극적 문제, 즉 초월적인 문제를 다루기 때문에 형이상학적 상상력과 밀접하게 관계되어 있다. 지금까지 국내에서는 이상(1910-1937) 시의 기독교적 요소에 대한 논의가 별로 없었기에, 필자는 이 글에서 이러한 요소에 초점을 맞추고자 한다.

이상은 순수한 모더니스트로서 새로운 실험과 기이한 기법으로 기존의 제작방식을 전복시키고 있다. 상상력의 1차적인 추동력은 복합적인 이질성으로부터의 "부자연스러움"unnaturalness 또는 "이상스러움"이다. 이상이 1933년 『카톨릭 청년』 7월호에 발표한 시 「꽃나무」에 나오는 "이상스러운 흉내"가 바로 이것이며 1931년 7월 『조선의 건축』지에 발표한 일본어로 된 처녀 시 중 하나인 "이상한 가역반응"이 바로 그러하다.

이상한 가역반응.
임의의 반경의 원 (과거분사의 시제)
원내의 일점과 원외의 일점을 결부한 직선
…이 종류의 존재의 시간적 영향성

(우리들은 이것에 관한 무관심하다)
직선은 원을 살해하였는가.

여기서 제시된 이 시의 시작 부분에서는 원圓과 점点, 그리고 점과 점이 연결되어 생긴 선線 사이의 변형과 갈등 관계가 곧 "형이상학적 상상력"에 다름 아니다. 원과 점과 선은 결코 쉽사리 화합되거나 통합되는 것이 아니다. 이 셋의 공존은 언제나 부자연스러움과 이상스러움을 만들어내는 "이상한 가역반응"이 된다. 이승훈의 해설에 따르면 "「가역반응」은 B물질로부터 A물질을 생성하는 화학만은 이 상황을 달리하는 경우 B물질로부터 A물질을 생성하는 것처럼 역逆으로 진행할 수 있는 반응"(『이상문학전집1. 시』97쪽)이다. 이러한 시에서의 "가역반응" 또는 "형이상학적 충동"은 어떤 특정한 시의 유파에만 국한되는 특징들은 아닐 것이며, 거의 모든 시대의 시마다 정도의 차이는 있겠지만 본질적이고도 보편적인 특징이라고 보아도 무방할 것이다.

이상의 시대는 우리에게 있어서 몇 겹의 상상력이 필요한 시대였다. 우선 피식민지 지식인 작가이자 시인으로서 이상은 공적인 억압을 극복하고 가난, 건강 등의 문제로 인한 개인적 좌절과 울분을 달래야 했으며, 일본제국을 통해 서구의 근대와 유럽 현대문학을 간접적으로 받아들여야 하는 서양문학이입의 한계에 노출되어 있었다. 게다가 이상은 중국을 중심으로 한 동아시아의 고전 문학전통과 새로운 서구 문학, 그리고 한국고유의 문학 전통 사이에서 시적 주체성의 분열의 한 가운데 놓여있었다. 이러한 통시적이며 공시적인, 복잡한 갈등과 혼성적인 상황 속에서 이상은 단순해지고 순수해질 수만은 없었을 것이다. 이러한 잡종적 갈림길에서 이상은 시인으로서 시대와 개인의 절망과 좌절을 극복하기 위해 주제와 기법, 형식과 내용 면에 있어 새로운 실험을 시도할

뿐만 아니라, 나아가 형이상학적 감수성을 발휘할 수밖에 없었을 것이다. 이상은 소설 『날개』의 첫 부분과 끝 부분에서 그의 예술론이나 창작론의 일단一段을 잘 보여주고 있다.

> 나는 윗트와 파라독스를 바둑 布石처럼 느러놓ㅅ오. 可恐할 常識의 病이오. … 智性의 極致를 흘낏 좀 드려다 본 일이 있는 말하자면 一種의 精神奔逸者 말이요. … 나는 아마 어지간히 人生의 諸行이 싱거워서 견댈수가 없게끔 되고 그만 둔 모양이오 꽃 빠이.
> 꽃 빠이, 그대는 있다금 그대가 제일 실여하는 飮食을 貪食하는 아일로니를 室踐해 보는 것도 좋을 것 같ㅅ오. 윗트와 파라독스……
> 그대 自身을 僞造하는 것도 할 만한 일이오. 그대의 作品은 한 번도 본 일이 없는 旣成品에 依하야 차라리 輕便하고 高邁하리다.
>
> 十九世紀는 될 수 있거든 封鎖하야 버리오. …… 人生혹은 그 模型에 있어서 띠테일 대문에 속는다거나 해서야 되겠오?……
> 나는내 非凡한 發育을 回顧하야 世上을 보는 眼目을 規定 하얏오. (『정본 이상문학전집』2 소설 262-63)

이상은 여기에서 지금까지의 모든 전통과 관습을 버리고 새로운 기법을 위한 실험을 선언하고 있다. 첫 번째 인용문에서 이상이 제시하는 윗트wit, 파라독스paradox, 아이로니irony의 개념은 18세기에 중요시 된 것은 물론, 오늘날의 상상력imagination과 거의 동일한 의미로 쓰였다. 이 개념들은 '윗트' wit만 제외한다면 영국 현대문학 비평사에서 중요한 용어들이기도 하다.

이 중에서 파라독스(역설)에 대해 살펴보자. 역설paradox은 형이상학적 감수성의 중요한 방법 중 하나로서, 그는 현실적 대응보다 "역설적

대응"을 택하였다. 김윤식의 말을 들어보자.

> 이 역설적 방법이라는 기교는 이상 문학을 규정하는 가장 핵심 개념이다. 이상 이전 한국 사회에서의 글쓰기는 사회적 목적(개혁이라든가 고발 또는 민족의식, 휴머니즘 옹호)과 밀접하게 연관되었고, 이상은 내부 공포에서 벗어나기 위한 방법으로 글쓰기를 선택하였다. 철저한 무목적적 글쓰기는 하나의 새로운 세계를 열어 보였다. 이 무목적적 글쓰기는 예술의 자율성을 내세운 것으로, 세계를 '형성'으로 보는 게 아니라 '제작'의 일종으로 보는 비 유기체 이론의 영역 안에 속한다. 이것이 바로 이상 문학의 새로움이다. (김윤식의 『우리문학 100년』 143쪽)

필자에게 이상의 시는 이미 언제나 "이상한 가역반응"을 일으키는 수수께끼이다. 억압적인 현실 속의 식민지 지식인이자 시인인 이상은 답답한 현실에서 조바심(불안)을 낸다. 가족 관계에서 장남으로서의 중압감, 각혈이 이미 시작된 폐결핵 말기의 공포, 건축가와 화가로서의 좌절 등 여러 난관 앞에서, 이를 극복하고 현실을 넘어서기 위해 이상은 초현실적 방식을 선택한다. 상식적인 어법의 파괴와 언어의 전도, 이질적인 것을 병치시키는 놀라운 역설의 유희, 이성과 논리의 과감한 위반과 전복, 일상적 의식을 혼란시키는 낯선 비유들의 무도회가 이상을 읽는 장애물의 고통이면서 동시에 긴장된 즐거움이기도 한다. 그는 우리의 문학에 대한 기존의 개념과 의미를 무장 해제시킨다. 기존의 방식을 망각하지 않으면 이상의 시 세계는 접근 불가능하다.

1930년대 초 한국문단에서는 마르크스적인 카프문학이 퇴조하고 순수문학과 예술을 위한 모임 구인회九人會가 시작되고 있었다. 이때 이상은 정지용, 박태원의 추천으로 구인회의 회원이 되었다. 전환기 시대의 시인 이상은 1934년 여름에 “어느 시대에도 그 현대인은 절망한다. 절망이 기교를 낳고 기교 때문에 절망한다”고 말하며 전혀 새로운 기교를 실험하기 시작했다. 절망에서 벗어나려는 이상의 기교는 새로운 언어장치와 기이한 사유방식을 불러왔는데, 필자에게 이상이 말하는 기교는 모순적 복합체인 현실의 시적 재현을 위해서 이질적인 것들을 거의 폭력적으로 결합하는 “형이상학적 상상력”에 다름 아닌 것으로 보인다.

순교자로서의 이상과 기독교 이미지

이상은 아마도 유신론자이기보다는 무신론자일 가능성이 크다. 혹은 그는 불가지론자일런지는 모르겠다. 어떤 곳에서도 자신의 종교성이나 종교적 취향에 대해 이상 자신이 언급한 곳을 찾을 수 없으니 이렇게 추정할 수밖에 없다. 또한 이 글에서 필자가 이상의 시 몇 수를 기독교적으로 읽어본다고 해서 이상이 기독교에 경도되었다고 말하고자 하는 것은 결코 아니다. 다만 이상이 자신의 시에서 지식으로 알고 있던 기독교의 이미지를 어떻게 인유하는가를 검토해 보는 것이다. 김승구는 “카페와 다방 경영의 실패 이후 구본웅 부친 소유의 ‘조선 기독교 창문사’에서의 경험이 이상이 기독교와 맺은 유일한 실질적인 관계라 할 수 있다”(163쪽)고 언명한 바 있다. 이상은 분명히 당시 20대였던 1930년대 기독교에 대해 상당히 알고 있었을 것이다. 이상이 10세 때인 1919년 3.1만세사건에서 독립선언문에 서명한 33인 중에서 반 이상이 기독교인이라는 사실 역시 알고 있었을 것이다. 당시 기독교는 19세기말 개화기 때부터 교육과 의료 분야 등에서 조선의 근대화에 기여하고 있었고, 1910년 8월 29일 강제 한일 합방이 이루어진 국치일을 기점으로 조선의 주

권이 일본제국으로 넘어간 뒤로는 조선의 해방과 독립을 위해 민족진영과 깊은 협업관계를 맺고 있었다. 그리고 당시 명동 성당 안에서 편집되었던 『가톨릭 청년』지의 문예란을 책임지고 있던 독실한 가톨릭 신자인 정지용의 강력한 추천으로 이상의 여러 초기 시들을 개제한 것을 보면, 그는 기독교에 대해 그다지 큰 반감을 가지지는 않았을 것으로 추정된다.

1935년 9월에서 10월 사이에 경성고공의 동기생이었던 원용석이 기사로 근무하던 평안남도 성천을 이상은 3주 정도 방문하였는데, 그 결과로 나온 글이 「산촌여정」山村餘情이다. 이 글을 보면 교회에 대한 내용이 나온다.

> 교회가보고십헚습니다 그래서 『예루살렘』 성역을 수만리 ㅅ더어져 잇는 이 마을의 농민들ㅅ가지도 사랑하는 神 앞헤서 회개하고 십헚습니다 발길이 찬송가 소리나는 곳으로 감니다.(『정본 이상 문학전집 3: 수필, 기타』 51쪽)

이 글에서 성천 같은 시골에도 교회가 있는 것을 보면 당시 평안도 지방에 중국 등지에서 온 기독교 개신교회들이 많이 들어섰던 것을 알 수 있다. 당시 평양은 동방의 예루살렘이라고 부를 정도로 기독교 열풍이 강하였다. 이상은 교회에 가보고 싶다고 말하며, 이곳의 가난한 농민들도 사랑하는 예루살렘에서 온 기독교의 신, 그리고 그 신 앞에서 자신의 죄를 회개하고 싶다고까지 말하고 찬송가 소리에 매혹되기도 한다. 그렇다고 이상이 곧 기독교인이 된 것은 아니겠지만 위 구절은 일제 식민지 상황 하에서 공인이자 개인으로서 이상이 기독교에 대한 의미 있는 발언이라고 할 수 있다.

이상은 1932년 11월 14일에 일본어로 쓴 시인 「習作 쇼오윈도우 數点」의 마지막 연에서 폐병으로 스러져가는 자신의 육신과 그럼에도 정신이 밝아지는 것을 다음과 같이 노래하고 있다.

달밤의 氣圈은 冷藏한다.
肉体가 식을 대로 식는다
魂魄만이 달의 光度로써 충분히 燃燒한다.

소설 「날개」의 첫 부분에서 이상은 "肉身이 흐느적흐느적하도록 疲勞했을 때만 精神이 銀貨처럼 맑소" (『정본 이상문학전집』2: 소설, 262쪽) 라고 적고 있다. 이상은 육체와 육신의 세계를 떠나 이미 혼백과 정신의 세계인 영혼의 초월적 세계로 진입하고 있었는지도 모른다. 김승구는 이 시를 "시간의 진행과정을 몰락과 고통으로 파악하는 이상의 '데카당스' 감각(159쪽)"으로 파악하고, 다음에 소개하는 시 「咯血의 아침」과 연결시켜 "고난과 구원의 원초적 서사인 기독교 서사의 주인공 그리스도와의 동일시를 상상하도록 유인한다(159쪽)"라고 지적하고 있다.

이상은 1933년 1월 20일에 쓴 시 「각혈의 아침」에서 자신을 "가장 불세출의 그리스도"라고 여기고 있다(『정본 이상 문학전집 1: 시』 208쪽). 이상은 왜 자신을 예수라고까지 생각하는 것일까? 순수예술의 새로운 사도로서 식민지 치하에서 생명력을 잃으며 죽어가는 시문학의 생명을 구원할 수 있는 구세주로 여기는 것일까? 아니면 1900여 년 전에 팔레스타인 지역에서 로마의 식민지 주민들의 죽어가던 영혼을 새로운 복음으로 구원하기 위해 온갖 고난을 겪고서 결국은 십자가 위에서 비참한 죽음으로 자신을 희생시킨 예수와 동일시하는 것인가? 이상은 이제 가난, 폐병, 좌절로 인해 절망에 빠진 보잘것없고 가냘픈 자신이, 억압된 통치하의 식민지 조선에서 죽음 속의 삶을 겨우 이어가고 있는 동족들을 위해 죽음을 각오하며 스스로를 순교자, 혹은 구세주로서 임명한 것이다. 이상은 조선의 정치적 독립을 위해 문인으로서 문학의 순교자가 되고자 한 것일까?

「오감도」와 기독교적 인유

이상은 1934년 7월 24일부터 8월 8일까지 『오감도』烏瞰圖란 제하의 시 15편을 일간지 『조선 중앙일보』지에 연재하였다. 발표하자마자 말썽이 많았던 『오감도』는 첫 번째 시인 「시 제1호」가 가장 유명하다.

13人의 兒孩가 道路로 疾走하오.
(길은막다른골목이適當하오.)

第1의兒孩가무섭다고그리오.
第2의兒孩도무섭다고그리오.
第3의兒孩도무섭다고그리오.
第4의兒孩도무섭다고그리오.
第5의兒孩도무섭다고그리오.
第6의兒孩도무섭다고그리오.
第7의兒孩도무섭다고그리오.
第8의兒孩도무섭다고그리오.
第9의兒孩도무섭다고그리오.
第10의兒孩도무섭다고그리오.

第11의兒孩가무섭다고그리오.
第12의兒孩도무섭다고그리오.
第13의兒孩도무섭다고그리오.

第13人의 兒孩는 무서운兒孩와 무서워하는兒孩와그렇게뿐이모였소.
(다른事情은없는것이 차라리 나았소)

그中에1人의兒孩가무서운兒孩라도좋소.
그中에2人의兒孩가무서운兒孩라도좋소.
그中에2人의兒孩가무서워하는兒孩라도좋소.
그中에1人의兒孩가무서워하는兒孩라도좋소.

(길은뚫린골목이라도適當하오.)
13人의兒孩가道路로疾走하지아니하여도좋소.
(『증보 정본이상문학전집 1:시』 86-87쪽)

이 시를 해석하는데 있어서 첫 번째 문제는 “13”이라는 숫자이다. 이상과 동갑내기로 18세부터 이상의 집에 하숙했던 친구인 문종혁(1910~?)이 「몇 가지 異議」란 글에서 언급한 말이 이 시를 읽는데 하나의 실마리가 될 수도 있겠다.

나는 이시를 읽을 때마다 상(箱)과의 옛날 일을 상기하게 된다. 언젠가 그는 예수가 십자가에 못 박힐 때의 일을 상세히 얘기한 다음

그러기에 일본사람들이 사자(四字)나 구자(九字)를 싫어하듯이 서양사람들은 13과 금요일을 싫어하고 그러기에 서양사람들에게는 호텔이나 병원에 13호실은 없다.

이렇게 들려주었다. 그에 ‘13’은 ‘불길(不吉)’로 통했으며 나 또한 그 영향을 받아 요즘도 식당 같은데 가면 13번자리는 피해서 앉는다. (김유중외 『그리운 그 이름, 이상』 134쪽)

이상이 기생출신의 애인 금홍과 헤어지고, 1936년 6월초 신흥사에서 정식결혼을 했던 변동림(예명 김향만)도 회고담인 「이상 理想에서 창조된 李箱」에서 『오감도』의 본뜻에 대해서 "동양의 불길한 '까마귀'와 서양의 불길한 숫자 '13'을 구성해서, 무서운 그림을 그린 거다"(앞 책 183쪽)라고 단언하고 있다. 이 회고담에 따르면 중요한 단서가 역시 예수가 십자가에 못 박혀 죽은 날이 "13일" 금요일이라는 것이 다시 한 번 확인된다.

이제부터 기독교적 맥락에서 「시 제1호」를 살펴보자. 이 연작시의 제목이 왜 『조감도』가 아니라 『오감도』인가? 우선 "까마귀"라는 상서롭지 못한 새가 내려다보는 그림이다. 여기서 까마귀는 모든 것을 감시하는 일본식민제국주의의 불길한 새이다. 모든 식민지적 상황의 불안과 긴장이 두려움("무섭다")으로 표현되고 있다. 일반 새가 아닌 까마귀가 감시하는 세상은 정상적이지 못하고 언제나 부자연스럽고 이상하다. 무엇인가 이질적인 것에 가위눌린 무서운 상황이다. 여기서 모든 시각은 뒤틀리고 정상적이지 못하다. "13"이란 숫자는 앞서 지적했듯이 예수가 골고다 언덕에서 십자가에 못 박혀 죽은 불안하고 무서운 날이다. 임종국은 "13"을 최후의 만찬에 참석한 예수와 12제자를 합친 숫자로 보고 있다.

이 시에서 "아이"는 "아해"兒孩로 바뀌어 있다. 아이를 굳이 아해로 사용한 것은 이승훈이 지적하듯이 "'아이'라는 낱말이 환기하는 일상적 습관성을 낯설게 만들려는 의도"(19쪽)라고 볼 수 있다. 또한, 아해(아이)가 도로를 질주한다는 것은 자연스러운 일은 아니다. 여기서 아해가 식민지 통치하에 감시받고 있는 조선 사람들이라고 생각했을 때 13명의 아이들이 모두 "무섭다"고 한 것을 보면, 식민지 상황이 얼마나 암울하고 불안하였는지를 알 수 있다. 그러나 이 아이들 역시도 "무서운" 아이들과 "무서워하는" 아이들로 구분 지을 수 있다.

시 첫 부분에 나오는 "막다른 골목"과 끝부분에 나오는 "뚫린 골목"은 서로 차이가 없이 "적당"할 뿐이다. "질주하는" 것과 "질주하지 아니"하는 것도 결국 차이가 없어진다. 기독교적 맥락에서 볼 때 "아이가 무섭다"고 한다는 것 자체가 문제다. 다시 말해 아이들을 무섭게 하면 안 되는 것이다. 예수는 어린아이들을 안수하며 천국은 어린아이들 같은 사람들만을 받아들인다고 강조하고 있다.

> 사람들이 예수께서 만져 주심을 바라고 어린아이들을 데리고 오매 제자들이 꾸짖거늘 예수께서 보시고 노하시어 이르시되 어린아이들이 내게 오는 것을 용납하고 금하지 말라 하나님의 나라가 이런 자의 것이니라. 내가 진실로 너희에게 이르노니 누구든지 하나님의 나라를 어린 아이와 같이 받들지 않는 자는 결단코 그곳에 들어가지 못하리라 하시고 그 어린아이들을 안고 그들 위에 안수하시고 축복하시니라. (「마가복음」10장 13-16절)[1]

어린아이들이 무서워하는 세상은 결국 지옥의 상황일 것이기 때문이다.

이밖에 『오감도』의 「시 제 12호」에는 기독교 이미지가 강한 "흰 비둘기"가 보인다.

> 때무든 빨내조각이한뭉탱이空中으로날너떠러진다. 그것은 흰비닭이의 떼다.
> 이손바닥만한한조각하늘저편에戰爭이끗나고平和가왓다는宣傳이다.

---

1) 구약 성서의 「시편」 8편 2절에 보면 다음과 같이 어린아이에 관한 구절이 나온다. "주의 대적으로 말미암아 어린아이들과 젖먹이들의 입으로 권능을 세우심이여. 이는 원수들과 보복자들을 잠잠하게 하려 하심이니이다." 이 구절에서 예수의 선조로 여겨지는 구약시대의 다윗왕은 하나님께서는 어린애들의 찬양을 통해 적대자들을 침묵케 하신다고 노래하고 있다.

한무덤이비닭의떼가깃에무든때를씻는다. (1934)

여기서 '흰 비닭이'는 흰 비둘기이다. 기독교에서 비둘기는 여러 가지 은유와 상징을 가지지만 가장 중요한 이미지는 이 시에서 평화이다. 이상은 이 시에서 검은 전쟁 (무든 때)을 이기는 평화의 상징이다. 성경에서 비둘기는 신구약에서 다양한 의미를 가지고 여러 번 등장한다. 이 구절과 관계되는 구절은 「창세기」 8장이다. 인류의 죄악("때묻은빨내조각")의 결과로 홍수심판을 결심한 하나님께서 명한대로, 노아는 방주를 만들어 그 곳으로 들어갔다. 사십주야를 비가 땅에 쏟아 진 후에 사십일이 지나자 노아는 물이 빠져 육지가 생겼는지를 알아보고자 하여 비둘기를 날려 보냈다. 첫 번째 비둘기는 그냥 돌아왔으나 두 번째 비둘기는 올리브 나무의 새 잎사귀를 입에 물고 돌아왔다. 입에 올리브 가지를 물고 있는 비둘기는 평화의 표시이다. 이제 대홍수의 환란은 끝나고 평화가 찾아왔다.

「실락원」失樂園이란 시에 보면 '天使'와 '『파라다이스』'가 나온다.

天使는 아무데도 없다. 『파라다이스』는 빈터다.
나는 때때로 二三人의 天使를 만나는수가 있다.
제 名名 다쉽사리 내게 『키스』하야 준다. 그러나 忽然히
그 당장에서 죽어버린다. 마치 雄蜂처럼-

天使는 天使끼리 사홈을 하였다는 所聞도 있다.
…
天使를 다시 불러서 돌아오게 하는 應援旗같은 旗는 없을가
…

이 시에서 이상은 '천사'와 '천국'의 부재를 아쉬워한다. 이상이 "다시 불러서 돌아오게" 하려는 천사는 좋은 천사일 것이다. 그러나 나쁜 천사, 즉 하나님께 반항하여 싸우는 천사인 사탄Satan도 있다. 사탄은 지옥의 천사이다. 이상은 타락한 천사가 우리에게 다가와 키스하면 우리를 죽게 만드는 "지옥의 매력"이 있다. 이상은 결국 천사끼리 서로 싸우는 혼란스러운 세상과 천사와 키스하면 영생永生을 얻는 것이 아니라 죽음을 맞이하는 참혹한 현실에 절망한다.

이상은 앞서 논의한 시편들 보다 앞서 『조선과 건축』(1931년 8월호)에 발표한 「오감도」란 제목 하에 일어로 된 시 「二人…1…」과 「二人…2…」 두 편을 발표했다.

> 기독은남루한행색으로설교를시작했다.
> 아아f·가아보네는감람산을산채로납촬해갔다.
>
> 1930년이후의일—
> 네온싸인으로장식된어느교회입구에서는뚱뚱보카아보네가봄의상흔을
> 신축시켜가면서입장권을팔고있다.

여기에서 "남루한 행색을"한 기독교는 불법사업으로 큰 돈을 벌어 갱단 두목이 된 미국의 자본가 알 카포네(Al Capone, 1895-1947)와 비교되고 있다. 카포네가 예수가 수시로 기도하던 감람산을 통째로 사들였다는 사실은 자본에 의해 타락한 제도 이전의 기독교를 의미한다. 황금의 신인 맘몬신이 접수한 교회는 천국의 입장권을 파는 타락에 빠졌다. 이상은 이 시에서 사랑의 종교인 기독교 자체를 풍자하기보다 악랄한 자본주의를 비판하고 있다(김승구 161쪽). 그러나 그 다음 두 번째 시

의 마지막 행 "카아보네가드레싱으로보내어준프록코트를기록은최후까지거절하고말았다는것은유명한이야기거니와의당한일이아니겠는가"에서 이상은 세속적 배금주의와 싸울 수 있는 것은 여전히 교회뿐이라고 생각하는 듯하다.

「오감도」 이외의 시에 나타난 기독교적 주제들

위의 『조선과 건축』 같은 호에 실린 「흥행물 천사- 어떤 후일담」에서는 타락한 천사에 대한 이미지가 나타난다.

천사는웃는다, 천사는고무풍선과같이부풀어진다.
천사의흥행은사람들의눈을끈다.
사람들은천사의정조의모습을지닌다고하는원색사진판그림엽서를산다.

원래 천사는 순결하고 깨끗한 이미지를 가지고 있다. 그러나 흥행문화사는 타락한 천사, 즉 흥행물이 된, 남에게 몸을 파는 여자를 가리킨다. 앞서도 언급한 바 있듯이 천사라고 모두 다 정결하고 거룩한 존재는 아니다. 사탄satan은 타락한 천사의 우두머리이기 때문이다.

이상은 앞서도 잠시 언급한 1933년 1월에 발표한 시 「각혈의 아침」에서 자신을 스스로 예수라고 동일시하면서 다음과 같이 노래하고 있다.

가브리엘 천사菌(내가 가장 不世出의 그리스도라 치고)
이 살균제는 마침내 폐결핵의 혈담이었다(고?)
폐 속 뺑끼칠한 십자가가 날이면 날마다 발돋움을 한다
…
하얀 천사가 나의 폐에 가벼이 노트한다.

황혼같은 폐속에서는 고요히 물이 끓고 있다
고수전선을 끌어다가 성 베드로가 도청을 한다
그리곤 세 번이나 천사를 보고 나는 모른다고 한다
그때 닭이 홰를 친다

이상은 폐결핵으로 죽음에 한발 한발 다가가고 있는 자신의 초췌한 모습을 십자가에서 인간의 구원을 위해 죽어가는 예수의 모습과 병치시킨다. 당시 폐결핵에 의한 죽음은 예술가의 가난과 고뇌로 인한 죽음(순교)과 동일시되었다. 예술을 위해 죽는 자신과 인류 구원을 위해 죽은 예수와 비교함으로써, 이상은 죽음에 대한 절망, 고통, 슬픔을 승화시키려고 노력하고 있다. 이것은 이상을 『가톨릭 청년』지에 소개한 가톨릭교도 정지용이 그의 글 「시의 옹호」에서 "진정한 愛의 시인은 기독교문화의 개화지 구라파에서 축출하였다. 영맹한 이교도일지라도, 그가 지식인일 것이면 기독교문화를 다소 반추하는 것임에 틀림없다"(『정지용 전집2: 산문』 244쪽)고 말한 것처럼 이상은 기독교 신자로서가 아니라 지식인으로서 당대 널리 알려져 있는 기독교 이미지를 차용했다고 할 수 있을 것이다.

그러나 구세주 예수의 죽음은 자신에게 가장 절절한 실존적 상황으로 다가왔을 것이다. 특히 예수가 십자가에 달리기 전 3번씩이나 예수를 부정했던 수제자 베드로를 빗대며, 이상은 자신의 생명을 구해줄 수 없는 의사들과 자신의 시를 이해하지 못하는 수많은 독자들과 평론가들을 풍자하고 있다. 바로 여기가 예수(기독교)의 역설과 이상(실험시)의 역설이 만나는 지점이 아니겠는가. 1936년 10월에 『조선일보』에 발표한 시 「육친」肉親에서는 예수 그리스도에 대한 매우 다른 이미지가 등장한다.

크리스트에 혹사(酷似)한 한 남루한 사나이가 있으니 이이
는 그의 종생과 운명까지도 내게 떠맡기려는 사나운 마음씨
다. 내 시시각각에 늘어서서 한 시대나 눌변인 트집으로 나를
위협한다. 은애(恩愛)—나의 착실한 경영이 늘 새파랗게 질
린다. 나는 이 육중한 크리스트의 별신(別身)을 암살하지 않
고는 내 문벌(門閥)과 내 음모를 약탈당할까 참 걱정이다. 그
러나 내 신선한 도망이 그 끈적끈적한 청각을 벗어 버릴 수가 없다.

여기서 그리스도는 억압과 위협의 존재가 된다. 예수를 아주 닮은 아버지("한 남루한 사나이")가 자신을 유교윤리에 따른 "아버지 법칙"속에 가두고자 한다. 자신 나름대로의("내 문벌과 내 음모") "은애"恩愛를 계획하고 있지만 허용되지 않는다. 은애는 부모자식간의 은혜와 사랑이기도 하지만 기독교에서 하나님 아버지는 의義를 요구하시는 엄격한 아버지이면서 동시에 "은혜와 사랑"이 충만한 분이다. 그러나 이 시에서 화자는 아버지로부터 탈주할 수 없다. 이것은 마치 에덴동산에서 뱀의 유혹에 빠져 선악과를 따먹는 죄를 저지른 후 숨어있던 아담과 이브에게 "너는 어디 있느냐"고 묻는 하나님의 음성과 같다.

다음으로 앞서 논의한 「각혈의 아침」과 유사한 「내과」라는 시의 첫 부분을 보자.

—自家用 福音
—或은 엘리엘리 라마싸박다니

이 부분에서 "복음"은 자기만을 위한 것으로서, 내과에 가서 자신의 병을 진단하고 치료하는 것을 가리킨다. 복음은 끊임없이 죄를 짓고 고통 속에 사는 불쌍한 인간들을 구원하기 위한 예수가 전하는 기쁜 소식

이다. 그러나 그 다음 행에서 그러한 분위기는 역전된다. "엘리엘리 라마싸박다니"는 예수가 십자가에 못 박혀 죽기 직전 아버지 하나님에게 간절하게 외친 말로 "주여 왜 나를 버리시나이까"의 뜻이다. 예수는 신이기도 했지만 인간이기도 했기에 육신의 극심한 고통을 참기 어려울 것이다. 이 시의 화자도 폐결핵으로 인해 육신의 고통이 심해지고 죽음이 시시각각으로 다가옴에 따라 십자가 위의 예수처럼 조물주(하나님)에게 절규로 애원하고 싶었던 것이다.

이상은 『가톨릭 청년』(1935년 4월호)에 발표한 시 「정식」正式의 4번째 시에는 문밖에서 기다리는 예수의 모습이 보인다.

> 너는 누구냐그러나門밖에 와서門을두다리며門을열라고외치니나를
> 찾는一心이아니고또내가너를도무지모른다고한들나는차마그대로내
> 어버려둘수는없어서門을열어주려하나門은안으로만고리가걸린것이아
> 니라밖으로도너는모르게잠겨있으니안에서만열어주면무엇을하느냐
> 너는누구기에구태여닫힌門앞에誕生하였느냐

이 시는 문을 사이에 두고 서로 소통이 되지 않는 인간관계를 그리고 있다. 안팎으로 서로 문고리가 걸려있기 때문에, 안이나 밖 어떤 한 사람만의 교류 의지로는 서로 소통하고 만나는 것이 불가능하다. 이 경우 문은 교류의 수단이 아니라 단절을 의미하는 벽이 된다. 성서에서는 예수가 항상 문밖에서 기다린다. "구하라 그리하면 너희에게 주실 것이요 찾으라 그리하면 찾아낼 것이요. 문을 두드리라 그리하면 너희에게 열릴 것이니"라고 적혀있다(마태복음 7:7). 성서에서는 실내에 있는 우리가 문을 열면 예수를 만날 수 있다. 문만 열면 기다리던 예수가 우리를 구원할 것임에도, 우리는 쉽게 문을 열지 않는다. 이상의 경우는 상황이

더 어렵다. 안과 밖의 두 사람이 모두 고리를 풀어야 서로 만날 수 있다. 문을 열고 예수를 영접하는 것보다 더 어려운 일인 것이다. 따라서 이 시는, 인간끼리의 소통과 교류가 이렇게 어렵단 말인가라는 이상의 절규라고 볼 수 있다.

이밖에 「골편에 관한 문제」라는 시에서 "하느님"이란 말을 두 번 사용했고 「Le Urine」(오줌)(1931)란 시에서 "새까만 마리아"라는 말을, 그리고 또 다른 시 「수인이 만들은 소정원」에서 마지막 행을 화자는 "죄를 내어버리고 싶다. 죄를 내어던지고 싶다"고 절규함을 통해 기독교식으로 회개하는 모습도 보인다. 1949년에 출간된 『이상전집』의 서문을 쓴 모더니즘 계열의 시인이며 이상의 친구인 김기림은 이상을 "'절대의 애정'을 찾아마지않은 한 '퓨리탄'"(권영민, 『이상텍스트연구』 438쪽) 또는 "고약한 현실에 대한 순교자"(438쪽)와 "비통한 순교자"(439쪽)로 부르면서 다음과 같이 말했다.

> 무명처럼 엷고 희어진 얼굴에 지저분한 검은 수염과 머리털, 뼈만 남은 몸뚱어리, 가쁜 숨결 — 그런 속에서도 온간 지상의 지혜와 총명을 두 날 초점에 모은 듯한 그 무적(無敵)한 눈만이, 사람에게는 물론 악마나 신에게조차 속을 리 없다는 듯이, 금강석처럼 차게 하고 있는 것이다. 그것은 인생과 조국과 시대와 그리고 인류의 거룩한 순교자의 모습이었다. '리베라' 에 필적하는 또 하나 아름다운 '피에타' 였다. (권영민 439-40쪽)

위 인용문에 나오는 후세페 데 리베라(Jose de Ribera 1591-1652)는 스페인에서 태어나 17세기 이탈리아에서 활동하면서 많은 기독교 종교화인 "피에타"(pieta)를 주제로 많은 작품을 남긴 화가이다. 이상은 김기림에 의해 순교자로 성자의 반열에 들어선 것이다.

나가며

이런 맥락에서 20세기 초 한국에서 치열하게 문학적 실험을 수행하였던 이상이라는 시인의 역사적 의미를 찾을 수 있을 것이다. 이상은 일본어로 쓴 「悔恨의 章」이란 시에서 자신의 역사적인 위상에 대해 절망하고 있다.

양팔을 자르고 나의 職務를 회피한다
이제는 나에게 일을 하라는 자는 없다
내가 무서워하는 支配는 어디서도 찾아볼 수 없다
歷史는 무거운 짐이다
세상에 대한 辭表 쓰기란 더욱 무거운 짐이다
나는 나의 모장들을 가버렸다
圖書館에서 온 召喚狀을 이제 난 읽지 못한다

나는 이젠 세상에 맞지 않는 옷이다
封墳보다도 나의 의무는 적다
나에겐 그 무엇을 理解해야 하는 苦痛은 완전히 사라져버렸다

나는 아무 대문에 보지는 않는다
그렇기 때문에 나는 아무 것에도 또한 보이지 않을게다
처음으로 나는 완전히 卑怯해지기에 성공한 셈이다.
(이승훈 편 『이상문학전집 Ⅰ 詩』 244쪽)

이상은 회환 속에서 "양팔을 자르고 나의 직무를 회피한다"고 말하고 있지만 "세상에 대한 사표쓰기란 더욱 무거운 짐"이라는 것을 분명히 하

고 있다. 이상이 “나는 이젠 세상에 맞지 않는 옷”이라고 한 것은 자신이 시대의 뒤떨어져서가 아니라 뒤떨어진 세상이 자신을 이해하지 못함을 말하는 것이다. 이상은 더 이상 “보이지 않는” 시인은 아니다. 그러나 한국을 넘어 동북아시아 나아가 이상을 세계로 “보이게” 하는 것이 우리의 직무이며, 이상의 회환을 풀어주는 것이 우리가 받고 있는 소환장의 책무이다. 이상은 분명 한국의 시인이다. 또한 그는 동아시아의 시인이며 나아가 세계의 시인이 될 수 있다. 필자가 시론試論적으로나마 이상 시의 “이상한 가역반응”을 “형이상학적 상상력”과 연계시키고 이상 시의 기독교적 인유에 관해 논의한 소이도 바로 여기에 있다.

이상 시세계의 異狀과 理想은, 그 당시 국가패권주의가 판을 쳤던 20세기 초 뿐 아니라 세계시민주의cosmopolitanism 시대인 21세기에도 시대를 넘어서는 징후적인 것이다. 이상은 근대를 넘어 탈근대로 향하는 모퉁이돌이요, 문지방이다. 이것이 이상이 날고자 하는 이유이다.

> 나는 것든 걸음을 멈추고 그리고 다시 한 번 이렇게 외쳐보고 싶었다
> 날개야 다시 돋아라
> 날자, 날자, 날자. 한 번만 더 날자ㅅ구나.
> 한 번만 더 날아보자ㅅ구나.
> (「정본 이상문학 전집-2: 소설」 290쪽)

이상은 남루한 異狀에서 은화처럼 빛나는 理想에 다다르지 못했는지도 모른다. 이상은 시대와 삶의 밑바닥까지 치고 내려갔다. 그는 시적 모더니즘에 탐닉해 있는 듯 보이나 실상은 서구근대성(모더니티)과 그것의 논리적 결과물인 식민주의와 제국주의에 대해서 풍자와 비판을 아끼지 않았던 것이다. 이는 이상 문학이 1930년대라는 시대를 타고 넘어서

가질 수 있는 보편성이다. 이제 남은 일은 페가소스의 날개를 타고 하늘로 날아오르는 일이다. 우리는 이상의 날개를 돋아나게 하여 비상을 준비해야 한다.

詩

시

강명숙

꽃길 걷다 외 2편

모양과 재질, 크기와 높이에 따라
맵시 나게 진열되어 있는 각양각색의 신발들,
그 중 무난한 것을 고른다
낯선 만남 서로 이해하기까지
얼마나 많은 다툼 필요할까
처음엔 물고 당기다가
뒤꿈치에 물집 잡히지만
가벼운 흔적으로 가라앉으면
금세 아픔 잊고서 먼 길 준비한다
한 몸으로 돌고 도는
물과 물, 바람과 바람마저
가는 길 각각 달라
어디쯤에서 손 놓고 헤어짐에도
내일 꽃길 함께 걷기 위해
너와 나 하나 되어 길을 나선다.

춤추는 아이

쇼를 하는 사람은 속울음 우는 사람
시장 어귀 흔들거리는 풍선 속에서
아이가 떨고 있어요
의식하는 까닭이지요
속이 울렁이고 숨이 막히지만
나선 길 주저하지 말아요
몸체만한 신발 신고
자신보다 몇 배나 큰 풍선 속으로 기어 올라가
까마득한 밖으로 알록달록한 얼굴 내밀면
뚝뚝 떨어지는 눈물방울도
배꼽 빠지는 웃음으로 보여요
아직은 서툴지만
한 발 한 발 떼어 봐요
제법 의젓해 질 거예요
오늘 해 넘어갈 때까지
봄나물 좀 팔아보면
내일은 화려한 스마트 폰 매장 앞으로 가더라도
손색이 없겠어요
그대, 홀로 춤추는 날은 남에게 웃음 선사하는 날
기쁨 찾아 사람들이 몰려들 거예요.

신세한도新歲寒圖

시간을 복원한다
ctrl+z, ctrl+z
퇴색한 수묵화 한 점
알록달록한 가을로 되돌아갔다
또 한 번 ctrl+z,
마침내 여름으로 가다
숱한 나뭇잎들 사이에서
송백松柏의 꼿꼿함 구별 없고
홀로 있는 외딴 집조차
무수한 잎에 가려져 전혀 보이지 않는다
다시 추사를 만나기 위해
원래대로 그림 재생,
'세한연후지송백지후조歲寒然後知松栢之後彫',
푸른 솔의 기개氣槪
엄동설한이 되어서야 그 진가를 드러냄이
완벽하게 구현된 여백과 재회하다가
진실은 서로 만난 적 없어도
수백 년 거슬러 절절히 그리워하는
비바람에 흩어지지 않는 영롱한 별이다
모두가 떠들썩하게 제 자랑 늘어놓아도

쉽게 드러나지 않을 이 시대의 고귀한 별은
먼 훗날, 후대만이 판단하리라.

* ctrl+z _ 컴퓨터에서 사용하는 용어로, 전 단계 복원하기.
* 세한연후지송백지후조(歲寒然後知松栢之後彫)_ 논어에서.

비양도.1 외 2편

— 예술인의 집

나는 바다에 돛단배를 띄웠다
비로소 물고기들의 언어가 들리고
산의 메아리를 들을 수 있고
사람들의 마음을 읽을 수가 있었다

'비양도 예술인의 집'
근사하게 서각을 하여 달아놓으니
지나가던 사람들이
집으로 몰려오기 시작한다

어차피 어우러져 사는 우리네 인생
커피를 떨어지지 않게 사다놓고
지나는 길손들이 오면
지붕을 벗 삼아 그늘이 되어 줄 예술세계로
한글 작가회 국제 펜 외국인 작가도 들리고
각처에서 예술인과 문인들이 찾아와
시를 안고 돌아갔다

비양도. 2

— 시조창을 부르며

소싯적 한창 문학소녀 일 때
김소월 시집을 들고 '나의 집' 을 외우고 다녔다
어쩜 바닷가에 집을 장만한 것은 잠재된 의식
'나의 집' 을 연상했는지 모른다

인생은 짧고 예술은 길다 했다
날(飛비) 뜨는(揚양) 섬(島도)에서
갈매기 되어 나래를 편다
비양봉이 안아주고 앞 바다가 지켜주는
비양도 예술인의 집에서 바다를 향해
시조창을 부르며 바다가 된다

비양도. 3

— 바다는 침묵하지 않는다

밀물 썰물의 바다 그 속에서
수많은 고기들은 질서가 있다는 것
꽃멸치가 떼를 지어 유영하는 모습은
아무도 흉내 낼 수 없는 예술이다

숲 속의 반딧불도
꽃멸치의 춤사위를 보려고
바다에 내려와 등불을 달고 다닌다.
바다는 침묵하지 않는다.

가을 풍경 외 2편

눈물도
낙엽 따라 가버리고
유심히 흐르던
맑은 시냇물도
가을 풍경 따라
익어갑니다

척박한 땅에 핀 민들레도
무지개 색깔처럼
짙어지며 사색의 길인
가을 풍경 품속으로
사라져버리고

애절하게 불어오던
하늬바람도
한 바탕 춤사위를 펼치더니
코끝이 찡한 듯
잘 익은 가을 풍경 속으로
빠져들어 가네요

나의 길은

흔들리는 마음을 다잡고
순간순간으로 밀물처럼
뇌리를 스쳐오는 이기적인 사고
몸 속 깊이 묻어두고

끊임없이 다가오던
애처롭고 구구절절했던
시간을 뼈 속 깊이 또 묻고
흔들리지 않으려
그 삶의 연속선 속으로
발걸음을 곱게 딛고 걸으며

눈에 조그마한 모래알이 들어가도
그러려니 했었고
비바람과 천둥이 휘몰아쳐도
그 속에서 슬기로운 지혜를 찾아
딛고 일어설 수 있었는데

내가 걸어온 길은
아직 어둡다

깎아지른 비탈 길 뿐
나의 길은 어디 쯤 있을까요

빛을 향하여

찬란한 미래
추억이 쌓여가듯
사랑이 익어가네요

당신의 탐스런 양 볼
주머니가 붉그스럼하게
타오를 때마다
소중한 추억이 한 켠씩
모여지고

실천과 약속
약속과 실천의 사랑이

당신과 나
커다란 선물꾸러미로
또
익어갑니다

절단되어 버린 길 외 2편

귀로 그것은
물컹거리는 착각 위로 흐르는 퇴근길은 심연과도 같을까요
사당역 11번 입구로 온몸을 사위듯이 자맥질을 해볼까요
그것은 블랙홀로 잠행하는 별들의 유희입니다

시간 그것은
뜨거운 풀무 불에 스며든 순금처럼 정련되어 투명할까요
걸러진 뜰채에 담겨 노랗게 비틀린 삶의 흔적일까요
그것은 용광로의 재가 되어 태어난 밤하늘의 별똥입니다

미로 그것은
달빛 한 점에 곤죽이 된 길마저 접어놓은 애틋한 사랑일까요
하얗게 눈이 멀어 밤을 지새우는 날개 잃은 영혼의 새들일까요
그것은 별빛이 심해로 뿌려놓은 그리움에 부벼대는 쇄빙선입니다.

새벽 전철 너는 알고 있지

고요의 기류 위로 흐르는
희부윰한 미명을 밟고
상록수역을 밀친지 오래입니다
빙점처럼 부딪치는 일상에서
남루해진 차양의 빛바랜 새날
풋잠 같은 갈증입니다
새벽 전철 속을 매일 마주하는
멀미하는 그림 같은 새들은
죽지에 부리를 묻고
잠들어 있습니다
전철은 땅 밑의 어둠을 상쇄하는
쉼표를 정차역마다 찍으며
존재하는 일보다
사라지는 일에 몰두합니다
벼랑 같은 오늘도 나를 있게 한
어머니의 검은 휘장 두른 목주름이
더욱 깊어진 섧은 슬픔에
해진 가슴은 짙푸른 멍울입니다
나는 삶을 꿰어 더욱 도사리는
시간들을 그리워하며
오늘도 존재의 경고음을
새벽의 쇠바퀴 소리에서 찾습니다.

낡은 몸빼바지의 침묵

친정의 빨랫줄에 널린 몸빼바지에서 푸르른 은둔을 보았네
하늘만 빼꼼한 첩첩의 준령에 갇힌 보은의 서원리골에
그리도 꿈을 깁던 대들보가 무너지던 날
청춘을 미처 태우지 못한 엄마는 홀로 버려졌네
네 명의 어린 자식은 무서움에 엄마의 치마 속으로 파고들었네
내가 머리를 자르고 단발이 되던 날
물가의 두려움에 마중의 손을 놓지 못하던 그 아련함
엄마의 하이얀 젖 내음되어 피어올랐네
내가 초경의 두려움에 몸을 떨던 어느 눈비 내리는 날
스물하나의 오라비마저 깊은 굴곡에 이승을 버렸네
산에 묻는 이별과 가슴에 담는 헤어짐에 몸을 떨던 엄마
굴레의 필름이 끊긴 헛바퀴 소리에 세상마저 캄캄했네
그 흩뿌려진 삼남매는 기억 없는 삶이 무거워
여린 비린내를 풍기며 눈나비 되어 헤엄쳐 갔네
어느덧 소롯한 시름의 작은 서랍장의 조신한 몸빼바지는
엄마의 물집 밴 여정의 무구한 순정이었네
오늘도 삭풍에 부대껴진 서릿발처럼 단호한 침묵의 엄마를 보네.

시

김다솔

편지를 쓰고 싶다 외 2편

드나들던 사람들이
오지 않는다
봄이 돌아와도 천사는
기다림으로 가득하고
푸른 바람결은
바다 위로 쓰러진다

먼 바다
밀려오는 은빛 파도가
시리도록 아름답고
이런 날은 누군가에게
편지를 쓰고 싶다

무거운 그림자 떨쳐 버리고
날 어지럽게 하던
허상을 지워버리면
홀가분한 나의 하루
참 편안한 것을

모르고 지났던 일들
새롭게 다가오고
생각의 넓이만큼
사랑이 가득한 편지를

마음

들여다 볼 수도 없고

끄집어내어

후려칠 수도 없는

너

길의 끝자락에 닿아도

결코

어쩔 수 없는

너

바람에게

가랑잎 떨어지는
가을 들녘
차갑게 내리는 달빛 따라
생각과 생각이 꼬리를 묶은 채
끝나버린 연극처럼
작은 별들의 꿈이
돌아서야 하는 나를
다시 휘어잡고 있었지
내 가슴에
뚫려 있는 큰 구멍
그것은 바람이 남겨놓은
찬란한 슬픔
가버린 이야기에
눈물 지우며
정적이 흐르는 창가에서
꿈을 불러보았지
더 높은 곳으로 날아가는
바다처럼

매화 외 2편

꽃이 먼저 알리는 건
언제일지도 모를
아스라한 네 숨결이
봄을 기억하기 위해서다

꽃을 먼저 피우는 건
아름다운 것만 기억하라고
잎이 되는 힘까지 내어
인내한 거다

꽃은 서서히 시들어 가지만
내가 나목이 되어도
너는 더 아름다운 꽃으로
피어나길 기도하는 거다.

바다로 간 별

너에게 편지를 쓴다
단숨에 써 내려간 내 마음이 멈췄다
파랗게 질린 채 내게로 달려든 별

들고 날 때마다
무너져 내린 길 위로
별 하나

애원도 사무쳐 스러지고
그리움마저 바다에 드리운 첫새벽
절망을 걷으려 바다로 간다

콩나물

콩나물은 물을 싫어했다
먼저 물속에 집어넣으려고
기운은 다 빠져나가
몸만 가늘어져 쭛빗거린다
콩은 원래 통통하고 아름다웠다
콩을 상상할 때 항상 뽀얗고 예쁜 모습이지만
시루 통에 갇힌 콩은 아우성이다
처음엔 그 물이 좋아 받아 마셨다
그러다가 중독이 되어
앙상한 뿌리와 가는 허리와 시기만 남은 몰골을 하고
자신을 가누지 못한 채 허물을 벗고 만다
누가 해치든가 아예 통 채 앗아가도 모를 무의식으로 허우적거리다가
목과 다리가 잘려 나가고
콩이라는 의식의 상태가 완전히 다른 외계인이 되어
꿈속으로 사라지는 것이다
그들은 그들의 자손에게 그 진실을 알리지 못하고 사라지기에
아직도 그 물을 마시고 있다

시

김민채

십이월로 아침을 외 2편

십이월에 그려진 잎맥
바스락
낮은 몸 웅크리며
속살 가벼이 누워있다

하얀 머리이고
늘어선 행렬 향한
메마른 시선
거드름 피우며 꿈을 꾼다

마른 입김 사그라지고
퍼즐 조각 입에 물고
가볍지 않은 숫자 배열은
긴 날을 위한 독주

차갑게
뜸 들이는 십이월

가슴에 담은 눈꽃

같은 공간 살 섞으며
뼈아픈 소리 듣고 뱉으니 다행이다
인자하신 그분의 본분
찬바람 가슴치고 들어와도 버틴다

거친 손놀림에 차갑게
몰아치는 숨소리
두터운 이불 속 한기
푸른 소주로 대신하니

창가에 된 서리
얼어붙은 몸은 봄을 부르고
하늘에 걸린 잿빛 구름은
저희끼리 몸 부비며 하얗게 뿌려준다

차갑게 들어난 맨발 위로
가장 눈부신 피사체 되어
나를 물들이는 눈꽃
당신을 향한 내 그리움

들국화

가냘픈 꽃 마디마디
바람 가르며 하나로 포개어
순간의 미소로 서 있다

흔들리는 검은 눈동자
한 줄 길게 그어진 창공 바라보며
운치 있는 춤사위에 덩실덩실

허허로운 벌판 향한 대지는
들리지 않는 계절 담아
또 다른 세계를 꿈꾼다

그대여
세상 향한 몸부림은
타들어 가는 심장으로
견뎌야 할 사랑인가

시 | 김석림

수봉산 설경 외 2편

1937년, 그해 관측 이후
최대의 폭설로 기록된 날 어쩌면
빙하기로 회귀하려는
지구의 탄식일지도 모른다는 섬뜩한 절망감이
등뼈를 타고 흘러내린다
천혜의 기회를 놓치지 않으려는
연인들은 수봉산에 올라
허겁지겁 카메라에 사랑을 주워 담고
철부지 아이들의 환호가
쇼팽의 '첼로소나타 G단조, Op.65' 에 실려
영면하는 재일학도병 참전비
무명용사의 철모 위로 두껍게 쌓인다
반백 년 가슴에 묻어둔 이름
어머니!
부르다가 끝내 쏟아내는 눈물방울
순백의 대지는 금방 핏빛으로 물든다
차마 염치가 없어
카메라 셔터를 누를 수가 없다
피 한 방울 하얀 손수건으로 거두어
안주머니에 꼬깃꼬깃 챙긴다
푸드덕, 비둘기 한 마리
천상으로 평화롭게 날아오른다

괭이갈매기

고난의 역사 홀로 짊어지고
스스로 숙명이라 여기며
독도獨島지기로
억만 년 터 잡고 살아온
괭이갈매기
날갯짓에 아침이 열리고
번행초 부스스 기지개를 켠다

거친 맨 바위에
목숨 기대어 살면서
외로움, 설움
애써 파도소리에 묻고
죽어서도 시집 귀신 되라는
어머니 호된 말씀에
올곧게 지켜온 열녀문이여

애비 없는 자식이라
모진 구박 당하면서도
참나리 꽃 단장하고
빛으로 오실 님 고대하며
조피볼락, 전어, 명태

품에 보듬고
풍요를 키워낸 너
얘야, 못난 에미 탓하거라

의암호에서

토종 강원도 감자 꽃
하도 곱다는 지인의 연락을 받고
찾은 춘천
그만 기다림에 지쳐
꽃잎은 흙으로 부서지고
어머니 때처럼
임종도 지키지 못한 낯부끄러움에
유품 거두어 유골함에 담아
낮달 가라앉은 의암호에 뿌린다

태고의 하늘과 맞닿아
신의 숨결 간직한 안데스산맥
깊이를 가늠할 수 없는
망각의 시간에 숨겨둔 마추피추
호수에 떠오르고
삼뽀냐zamponia* 연주소리
심장 두드리는 미스터페오 카페*에서
잉카의 마지막 왕 아타우아이파
그의 순결한 노래
한 모금 목젖으로 넘긴다

*삼뽀냐_ 잉카의 전통 악기
*미스터페오 카페_ 의암호 주변에 있는 카페

나무의 문장 외 2편

봄물에 휘는 나무를 본다
꽃망울 핥던 바람으로
글자들이 물렁해지고 있다
꽃의 종착역이 낙화였다면
꽃잎의 유배지는 열매에 이르는 길일까
꽃잎이 열매에게
열매가 나무로 이어지는 지문을 읽는다
나무가 나무에게 가는 길이 깊어지고
겨울에 묶였던 단서들이
탈고 못한 문장처럼 버석거리는
겨울 끝자락
그 긴 기다림의 모퉁이에서
해빙의 시간을 견디고 있을
나무의 빈 칸에 봄을 적는다.

관절.2

잇새를 물고 돌아눕던
그녀의 무릎에서
뼈 속까지 장마가 몰려왔다

귀밑머리 젊은 날 그녀는
마당까지 따라오던 밭고랑을
탈탈 털며
자식들 습기를 말려주곤 했다
마모된 신발 사이로 삐죽
생채기 든 맨발을
시린 햇살이 거둬 마루에 오르던,
……

삐걱대는 문틈 사이
주인 잃은 신발이 세월을 묻고
훌쩍 자란 오동나무 비를 맞는 밤
끊을 수 없는 내 눈길 사이로
비는 침이 되어
그녀의 등으로 눕는다.

엄니도 여인이었어라

그녀가 닫고 떠난 서랍 속
구찌뻬니가 말을 건넨다

지워진 날들은
모성의 그늘에 숨은 여심의 부재일까
서랍을 열자 미처 그리지 못한 입술 흔적들,
그 붉던 날들이 길다랗게 앓고 있다
유폐된 그녀 심중을 훔친 나는
먼지 낀 알리바이 속에서
누군가 보내온 메일을 뒤적이고
커피찌꺼기를 비우며
사막 속 그녀의 일상을 더듬는다
여과지에 남은 커피향처럼
중독된 그리움은 그리움을 낳고
잠재운 여심의 비늘을 북돋운다
그녀가 던지고 간 화두였을까
먼지를 걸러낸 도시 그림자가
태양의 입술을 훔쳐
구찌뻬니에 숨을 불어 넣는다
그 순간,
사막에서 깨어난 붉은 언어들이

태양이 달궈놓은 세월의 허기와
빈사賓師*의 예언보다 빛난다

나는 그녀가 건넨 나르시시즘* 비늘을 세우고
서랍 속으로 들어선다.

*賓師_ 예전, 제후에게 빈객(賓客)의 대우를 받던 학자.
*나르시시즘_ 그리이스 신화에서 물에 비친 자신의 모습에 이끌리어 물에 빠져 죽은 나르시수스(Narcissus)의 이름에서 유래한 自己愛(Narcissism).

녹슬지 않는 유산 외 1편

증조부께서는 정3품正3品 무관이셨다
대대로 종손에게만 전해진 장군의 칼,
녹슬지 않는 한 줄기 빛 내림을 자손들에게 전했던
자랑스러운 전적戰績
광기어린 유령이 어둠을 몰아와도
순간의 불꽃으로 견고하게 빛 그림을 조각했던
전장戰場에서 견딘 시간의 무게로
후손들이 스스로 품위를 지키도록
마음을 바로 세우던 그 칼,
근접하지 못할 창조의 은유가 느껴져
곱게 모셔둘 뿐이었다.

바다를 갈라 길을 내고
태양계의 붉은 숨결을 모은 위용으로
고조부를 키우고 조부를 키우고 다시 아버지를 키운
칼의 내력을 들으면서
다혈질의 내 핏줄이 분연히 솟구친다.

칼은 항상 답답했겠지만
대대로 이어온 금속성 날개 짓을 이해하는 데는
오랜 시간이 걸렸다

불안한 철새들이 예리한 부리로
허공을 감지할 즈음
담금질로 굳어진 뼈대로
꼿꼿이 세운 칼끝을 읽는다.

사과의 기억

파란 터널을 뚫고
단맛들이 사과 속으로 스며들고
붉은 햇살은 껍질을 굴러간다.
밤새 찬 이슬로 스스로 줄였던 몸.
구석까지 들어찬 햇살에
지구의 한 귀퉁이를 지나가는 계절.

사선으로 확산된 빛줄기는
흩어졌던 말투를 (붉은 말들을) 꾸러미로 꿘다.
애석하게도 빛줄기에서 누락된
한 토막의 기억,
하늘 한쪽 모서리를 아삭 씹는다.
당도 높은 여명이 식도를 넘어간다
어머니숟가락 끝에서 사각이던
반달의 기억이 경련을 일으키는 날
혼자서 사과를 씹는 아침.
잎사귀마다 은빛 비늘이 반짝이면
사과나무 뒤에 숨었던 내 유년이
과수원 속으로 뛰어가고
아직 혀끝에서 맴도는
어머니의 (말투들.) 그날들.

하늘이 열리고 통증이 발효되고
사과는 속이 비치도록 맑다

시
김종권

기억이라는 사진 외 2편

바랜 사진 속
어머니 손을 놓칠세라
억지웃음으로 뭉친 눈망울

무수히 토닥대던
내 아우와의 천연덕스런
흑백사진

기억의 저편으로 앉은
몇인지 모를 남산의 계단

아버지의 음악회가
철부지 고개를 떨구게 했던
완행열차 속 엄마품

어머니를 그리게 하는 아침
기억이라는 사진이
암실에서 다시 태어난다.

자작나무

햇볕에 그을린 듯
자작나무의 옷은 형형색색

곧게 자람이
엄마 품 꿈나무일세.

에워싼 친구들이 한가득
외로울 시간이 없네

바람결에 속삭이네.
자작, 자작…….

아비의 노래

무거웠지 그 짐들이,
아비가 대신 지지 못해 미안하다

세상이라는 태풍 속에서
멍들었지, 네 꿈이

세상이 널 쏘아보아도
아비는 웃으련다.

고사리 손이 그립더구나,
아비가 산에 오르는 이유야

목마 태워 산등성이를 넘어 다녔는데
옛 이야기가 되었네

허겁지겁 서투른 젓가락질도
사랑스러워

사랑한다
모든 걸…….

시

김화영

삶 외 2편

초롱 한 별빛을 바라보며
여명黎明의 안개가
걷히기도 전

묵상의 기도로
하루의 일과를 시작한다.

수도 없이 반복되는
하루이건만

새날이 올 때마다
작은 소망들을 앞세우고

허물어진 마음을
추슬러 보지만

일상日常이 시작되면
분노憤怒와 수치羞恥의 주변만을 맴돌고
욕망慾望의 구렁은 어디까지일까?

소망을 염원하는 목마른 절규는

생의 위안만을 바라는
덧없는 기도

참이신 그 말씀을
눈으로만 익히는

아직도 내 안엔
내가 있으매

사랑의 아름다움을
어찌 입으로 말할 수 있을까!

어제, 오늘 그리고 내일

수많은 어제가 쌓여
추억의 깊은 강 흐르고

헤일 수 없는
내일의 기다림은
자욱한 안갯속

오늘은
어제를 보내고
내일을 맞는

과거와 미래의
환승역

오늘의
고통과 분노

추억 속에
괴로운 출렁임

기쁨과
감사함으로

오늘을
보냈다면

기억 속의
어제는
행복했던 시간

오늘의 삶을
최선 다해
보냈다면

뒤안길 돌아보면
흐뭇한 웃음

다가올 내일을
마중하는 마음은

설렘 속에 기다리는
희망 꽃송이!

갓밝이

나만을 위해 주님이
자수刺繡 놓아주신

미지未知의 꽃길로
오늘을 나서는

갓밝이!

어떤 기쁨을
숨겨놓으셨을까

내딛는 발걸음
돋을볕을 기다리는

해맞이 마음!

밧줄 외 2편

초심은 거룩한 것이다
나는 누구인가
어디를 향해 가고 있나
진선미의 삶을 추구하며 살아감에
옥죄이던 고통은 이골이 났고
외눈박이들과의 전쟁 승리로
경거망동 하지는 않을 테야
너울아
파도야
오너라
오디세우스여
사이렌이 울리면
그대를 옭아맸던 밧줄로
나를 동여 매 주오
모든 사이렌 소리는
멋진 어제로
추억하게 될 것이오
죽음을 곁에 두고
살아야 하는 날들이
생의 르네상스가 되기를……

호메로스_ 소크라테스의스승, 그리스 최초의 서사시인 호메로스작 오디세이의 주인공 오디세우스.

醉畵仙 취화선

오관으로 氣가 통해야
편하다.
경치를 보지 말고 그 뜻을,
필선보다 心海를 읽어내라
마음에서 손으로
손에서 붓으로 전하고
붓에서 종이에 그리고(畵)
획에는
뼈대가 있어야 하고
원근에는
농담이 있어야
풍미 있음이라

吾園오원은
일 획이 만 획이고
만 획이 일 획이라 하고,

만들어진 것에 의해
만들어지는 법
산 것에 의해
살고

죽은 것에 의해
죽어지는
것인데
어찌 하리

선암사 古梅

선승교 발 들여
속세의 번뇌 훌훌 털고
신선의 길 들었나
선암사 경내에
퍼지는 봄 향기
너무 황홀해
어디서 나는 향기인고?
오호라
서실 매화 묵향이
여기에 살아있네
물기 머금은
싱그런 분내음
온 천지일세
몇 백년 묵은 매화
선암매(종정매)
얼음 같은 맑은 혼
토담 기와 선 따라 흐르고
와당 너머
푸른 하늘 구름 속에
설매 한 폭 걸렸다.

세종시 가락마을 외 2편

충청도 세종시 가락마을
새벽단잠을 깨우고
황혼의 나이에 마냥 활기찬 청춘이 되는지
가다듬은 모습에 꽃반지 끼고 나들이 길
마음과 몸을 가득 안고서 목포역 KTX는 수만 리 달린다
최고의 희망의 도시 세종시

새집 구경에 앞산 솔숲 사이 지저귀는 새소리
창가에 달빛이 기웃거리는 전경 좋은 집
기념사진 초상화 선물 즐거움 듬뿍 안고 하향 길에
낯선 웅장한 오송역 어리둥절 마주치는 상냥한 미모에
따뜻이 다가와 세심히 인도해 주는
봄동산에 아름다운 사랑의 꽃등을 밝히는
신분을 물으니 세종청사에 근무해요
토요일 서울 집에 가지요
겸손과 지성을 겸비한 청순함이
어느 덕망 있는 집안 규수가 될까 행복을 빌면서
아쉬움을 둥지에 담아주고 간 예쁜 천사
세종청사 모범 공무원의 모습이 감동으로 다가와
행복을 안겨주는 아름다운 도시 희망의 도시 세종시로
7월 어느 날에

꽃향기로 피어나는 한의사

북풍 차가운 겨울바람이 불어와도
한방병원 치료 침실
언제나 따스한 온기로 다가와
환자의 아픈 마음자락에
꽃향기로 피어나는 젊은 한의사
부모님들은 자식 위해서 자기 몸은 뒷전인 것 같아요
한 생애 살아오다 속울음 삼켜버리면
아픈 사연들이 깊숙이 박힌

어쩌다 건장하고 맑고 선량한 너에게 무심도하시지
바위 돌에 짓눌려 견디어내야 하는
날려버리고 싶은 아픔이 밀려오는지
뱉지 못하고 묵묵히 안으로 삭이는
이십여 년 차오른 직무에 의무감이 충실한 너였기에
외롭고 힘들 때 사랑의 샘이 되어 어깨를 감싸주는
얼마나 따뜻할까요 메인 가슴 흘러내린다

푸른 마음 다른 사람의 눈물을 닦아주는 모습
사랑의 빛이 삶의 용기와 새로운 힘이 솟아오르고
그의 자취도 벌겋게 물드는 노을처럼 곱게 비쳐지겠지요

모시 잎 송편

앞 잔등 샛터
간밤 고운 달빛에 한창 우거진 푸른 모시밭
숨어버린 할머니의 애환 담긴 속삭임 바스락거리다
아침 이슬 털어 연한 잎 골라 대바구니에 잠재워서

여름이면 쉽게 상하지 않아
맛이 순하고 순박한 사람들 먹거리기에
모시 잎을 종종 뜯어 나른
어머니의 손맛 송편 개떡 솔잎에 쪄서
대청마루 선반 위 가득 채운 채반에
까치발 딛고 슬그머니 꺼내먹다
치마폭에 감춘 한 조각 옆집 순희 생각에
고향집 정감이 담긴 모시 잎 송편

무공해 칼슘 듬뿍 골다공증 예방한다니
한산모시 유명한 고장에 허리 굽은 아낙네가 없다던데
선조의 지혜가 신통하기로 모시 잎 송편

시

박두련

내 어머니 외 2편

영혼의 디딤돌 밟아오는 소리
달빛은 휘영청 눈부신 바람에
묻어있던 그리움 속에
세월은 강물처럼 흐른다
겹겹의 주름 살균력으로
잴 수 없는 무게의 어머니 소리

"빈손 젖으시며 그저 그럭저럭 살아가라"
하시는 내 어머니 소리

삶과 부대끼는 일상의 모서리에서
황금 호박 속 같은 어머니 향기
산새들 산허리 넘나들고
풀잎 웃음 토마하며 피어나는
그 얼굴
내 어머니 꽃이시다

님은 회복 중

하늘은 내 마음을 아는지
이슬방울 되어 풀잎에 맺혀
떨어질까 아등바등한
긴 세 월
가로수 숲을 빠져 나오고 있다

말없이 고개 떨군 할미꽃처럼
배시시 미소로 살짝 답한다

509호 호흡기내과 生命의 갈림길
구름처럼 서러운 꽃이여
물거품처럼 찢어져 흘러내리는
하얀 그림자
눈물로만 견디었나 싶다

눈앞에 선연한 님이여
두 손 잡은 체온 호흡으로
한줄기 빛으로 내안의 그림자 되어
연어처럼 빛나고 있다.

빗속을 걷는 여자

참으로 감정은 솔직한 것이다
우울했던 지난날들
내게는 이제 웃음조차 말라졌다
어둠에 밀려난 시간 속에
긴 한숨으로 석양빛은 물 들이운데
텅 빈 하늘은 통곡처럼
하염없는 비가 내린다
믿을 수 없는 현실처럼
사람들은 얼마만큼 슬퍼해야
슬퍼할 줄 아느냐고
빗속을 걷는 여자의 애환
외로움 뒤에는 언제나 슬픔이
차마 울지 못하고 가슴으로 삭이고 있다

각설이 사랑 외 2편

하늘을 울리는 북소리
어릿광대의 슬픈 분장 뒤에
숨겨진 각각의 사연들
길 가는 사람들 발길 세운다.

누구를 향한 손짓인가
얼룩진 너의 삶속에
뜨겁게 불타오르며
가슴 저리던 애잔한 순간
멈추었던 발길도 모두 떠나
텅 비어버린 너의 무대

분장 뒤에 감추어졌던 너를
뜨겁게 안아줄 사랑이
다시 찾아올 날을
기다리는 너를

몰래 숨어서 지켜보는
또 다른 어릿광대
각설이의 사랑이다.

그물

낯선 곳으로 길 떠나고 싶다
질긴 그물의 코를 물어뜯고
한 조각 구름처럼 방황하고 싶다.
구름을 그물로 붙잡을 수 있겠느냐

노오란 초가지붕 위로
피어오르는 저녁연기가
너에게 그물일 리가 있겠느냐
저 지붕은 너를 감싸 안아주는
너울일 뿐이다

비 오듯 쏟아지는 달빛도
너를 잡아두는 그물일 리가 있겠느냐
밤마다 달빛 아래 앉아
어디로 갈지 몰라 두 손 모으고
눈을 감아 본다

세월

누가 세월을 유유히 흐르는
강물 같은 것이라 했는가.

가슴 속 흐르는 강물은
굽이굽이 도는데
강산의 푸르름은
누구의 세월이었는가.

어둠을 붙잡고
가슴 헤집는 소리 따라
기억의 모퉁이 돌아보아도
먼지처럼 잡을 수 없는 세월.

마른 햇살처럼
낮게 깔린 바람처럼
돌돌 말린 세월의 흔적들이
가슴으로 부딪혀

세월 따라
되풀이 되며
내 손을 잡는다.

시

박시균

고교 동창생 외 2편

깊게 패인 주름살
희끗희끗한 머리
듬성듬성한 머리숱의 고교 동창생들

30여 년의 세월동안 농익은
맛깔스런 인생 이야기를 햇살에 쏟아낸다.

"철수 이놈 하나도 안 변했네.
키가 난쟁이 똥자루더니 여전히 그대로네."
"얌마, 그래도 너보다 공부는 잘 했어."

바람과 햇살의 잔을 나누며
꼿꼿이 세웠던 잎사귀를 비워내니
체면과 가식이
눈 녹듯이 사라지고 불그스레한 표정으로
동창생들의 인생이 탐스럽게 열린다.

"그래 오늘은 모두 다 10대의 고등학생이다.
누가 높고 누가 낮으며,
누가 잘 살고 누가 못 살고가 어딨나."

한 나무 아래서 똑같은 하늘을
이고 견뎌 온
우리는 고교 동창생

겨울풍경

첫눈이 내리는 날,
그대가 보인다.
눈은 먼데서 내리는 것이 아니라
가슴 속 깊은 곳에서 내리는 것이다.

눈송이를 껴안고 땅으로 여행하는 것은
세상에서 가장 따뜻한 고백.

겨울은 그대의 두 눈이
고드름처럼 투명하게 햇살에 반짝이는 일
아주 조용히 행복으로 눈뜨는 일이다.

정담 장군의 호국충절

1592년 임진년 푸른 날에
먹구름으로 돌변한 사나운 벌떼들이
웅치재 깊은 곳에
마구잡이로 총, 칼을 휘둘렀으니,
구름도 울고 바람도 우는 광란의 밤이라
거기에 횃불처럼 우뚝 선 정담 장군,
시뻘건 야수의 왜군 무리들을 막아섰노라.
피비린내 나는 도적떼들의 잔인함을 막아섰노라.

듣도 보도 못한 무자비한 총포에
온몸이 갈기갈기 찢기고
뼈가 갈길 잃어
촌각을 다투는 죽음의 문턱 앞에서도
한 발짝도 물러서지 않았노라.
눈 하나 깜빡하지 않았노라.

전사와 한 몸 된 정담 장군,
"약무호남 시무국가若無湖南 是無國家"라
"약무호남 시무국가若無湖南 是無國家"라
호남이 없으면 나라도 없다.
웅치재를 못 지키면 나라도 죽는다.

전사와 한 몸 된 정담 장군
7월 7일 그날,
눈물 맺힌 하늘과 맞닿은 날
목숨을 다하여 호남을 지켰노라,
목숨을 다하여 조선을 지켰노라.
내 나라 내 땅의 조국을 지켰노라.
나라를 구하겠노라는 일념 하나로
자식을 뒤로 하고,
아내를 뒤로 하고,
부모를 뒤로 한 채
다시는 돌아오지 못할
전쟁터로 달려간 정담 장군.
왜놈들의 흉탄 앞에
추풍낙엽처럼 쓰러지면서도
결코 쓰러지지 않고
오로지 나라 위해 몸 바쳤던
정담 장군,
초개처럼 뿌린 붉은 피는
이 나라 조선의 방패가 되고
횃불처럼 타올랐던 그 숭고한 애국심은
국난극복의 불같은 정신이 되었노라.

젖은 장작더미에 불붙인
정담 장군의 활화산 같은 애국충절은
5천만의 가슴에 식지 않는
뜨거운 불씨로
이 자리를 통해 더욱더 굳건한 애국심으로
영원히 타오르는 평화가 되었노라.
영원히 타오르는 심지가 되었노라.

속 외 2편

그득 담긴 그리움
어쩌지 못하고
풍덩 던져버렸네

앓다 빠진
이처럼
시원할 줄 알았는데

뭉그러진 속
어루만지다
하루 해 다 갔네

아직

아직
더
기대고 싶은데

아직
더
머물고 싶은데

무정한
세월
저만치 갔네

미련

멈칫 멈칫
주춤 주춤
다가오더니
떠나버렸네

태평하게 지낸
떠난 세월
뒤 늦은 후회
먼 산 바라보는 나

다시는
아니 오려니
알면서도
뒤 돌아보는 미련

시

방지원

괄호 외 2편

감추고 싶은 일들은 모두
담장 안에 숨겼네
점점 커지고 길어지는 무한대의 기호 안에
다소곳하게 귀를 막고 들앉은 또 다른 나

가끔은 와르르 허물어버리고 싶었던
스스로 만든 좌표 위에서
입술 터져라 버틴 억지 겸손
수천 번의 해가 뜨고 달이 기우는 사이
담장은 조금씩 크기가 줄었지만
참을성 한계인 나의 분신은
담 밖의 빛깔 다른 저 너머 하늘을 그리워하네
달큼한 바람 냄새도 사뭇

그런데 기웃해보면
옆의 그들도 호화스러운 담장을 하나씩 가지고 있네.

맨발의 가을

분명 어제 본 하늘이 아니어서
기우뚱 새로 신은 신발이 놀라네

태양은 때때로 무심히 시선을 빗기지
속 깊던 하늘도 저만치 멀어
무심한 그 하늘 아래선 앞섶을 여밀 수밖에
엉거주춤 행간에 서 있는 나의 문장들
한없이 길어지는 당신 그림자의 길이를 재네

벽돌담 내려온 조롱박 웃음소리는 다행히
까르르 장조長調의 음표들이네
멀리까지 서리가 내린다는 예보는 없네
운동회 북소리보다 먼저 달려 나가는
억새풀 뒷모습 길어지는 소리 은빛이네.

지옥계곡

일본 노보리베츠 지옥계곡 안내판 앞에서 활짝 웃으며 기념사진을 찍고 노보리베츠 성당에서 미사를 드렸다. 화산가스와 유황냄새로 뒤덮인 계곡이 꼭 지옥을 닮았을 것이라고들 하지만 알 수 없는 일이다. 직경 450미터의 분화구는 열기로 가득하고 1분당 3천 리터의 열탕이 솟는다. 지나는 바위며 돌 틈에서까지 수증기가 솟아 서늘한 날씨에 걸터앉으니 따뜻했다. 계곡물이 효능 좋은 온천수라 해서 밤에 커다란 온천탕에 몸을 담그고 시원하게 때를 씻었다. 지옥을 보고 놀란 마음과 몸이 개운했다. 일본 천주교 박해 때, 두 여인을 세워놓고 끓는 물을 서서히 부으며 고문을 하고 배교를 종용했다는 이야기가 새삼 떠올랐다. 지옥을 보고 착해졌는지 이튿날 아침 얼굴이 모두 뽀얗다. 지옥과 천당을 한꺼번에 본 셈이다.

비오는 날의 숲 외 2편

바람 속에서
촉촉이 젖은
풀잎들이 살랑거린다.

그네에 앉아 발을 구르면
옷자락에 물이 드는 산 향

미처 품어내지 못한
꽃향기가
빗줄기 앞에서 머뭇대며
저 언덕을 넘고 있다.

한철 비는
먹구름이 걷히면 멎어지는 것

젖어있는 안개비와
발돋움으로 눈길 주는 그 숲
빗속에서
눈물 몇 방울은 간직하는 것이다.

새가 되리라

질척거리는
바람소리가
저만치 돌아 앉아 울고 있다.

바람아, 그 부르짖음이
어지럽고 시리다.

허허로운 바람맞으며
흙속에 묻혀 지내다가

온 몸에 날개가 돋아나
끝없이 날아보고 싶다.

깍지 낀 세월이 서성거리는
이 길 위에서
푸른 소나무를 스치며
힘껏, 솟아오르라.

잎새 사이로 안개를 줍는다.

유년의 동산에서

유년의 언덕 위에는
바람이 길을 낸 듯
벚꽃나무가 숲을 이루었다.

화사한 꽃 피어나자
비바람의 시샘으로
동산 위 꽃잎들은 날아가고

녹색 잎사귀를 담아 낸
그 나무들만
늘 그대로 우뚝 서 있었지

기억 한 움큼 떼어
푸른 숲 타박타박 걸으면
고갯길 메우며 버무려지는
세월의 흔적들

숲속에서 익어가던
채색된 나무들이
아지랑이 물씬 품어내면서
곰삭힌 그림을 연신 그려대고 있다.

시

변길섭

봄 향기, 도둑맞다 외 2편

힘 빌릴 영감도 없이
놉도 얻지 않은 팔순 노구로
북하고 망옷 주고
여름 내내 땀 뿌리며 다독거려주었던 나무
내년 봄에 토실토실 참두릅 피거든
큰아들 먼저 주고
작은 아들 큰딸 작은딸 막내아들
취나물 엄나물도 함께 담아 택배 보내리라
꿈 키워주던 나무

– 머라고라, 다 따가부러
– 우리 것만 따갔다냐, 동네 것 다 따가부렀어야

오동통한 모습 아른아른
풋풋한 냄새 고향 하늘에 걸려 있거늘
코끝만 시큰하다

노인네의 꿈, 도둑맞았구나

– 할 수 없제 으차것이냐
얼매나 묵고 싶었으면 남의 것을 따가겄냐

놈들의 저녁밥상엔
상큼한 초장과 어깨 나란히
봄소식이 놓일 게다
향기 죽여주지
이것이 참두릅이야
아들에게도
딸에게도
자연산 봄 향기 맛나게 씹힐 것이다

용서

그래
여기까지 오는데 참 오래도 걸렸구나

닳고 닳은 시간의 껍데기만 무성한
정원
서성이던 굴뚝새 한 마리
푸드득
파란 하늘에 젖어 들고 있다

수문포에서

지금은
바지락도
키조개도 보이지 않고
간판도 없는 선술집엔
해보다 먼저
젓가락 두드리는 소리 흐느적거린다

그래도 물 나면
몇몇은 갯벌에 나가
아주 가끔
굽은 허리 깊숙이 숙이고
드르륵드르륵 호미질 하다가
물들면
광주리 가득 빈 바다만 이고 돌아와도
만선滿船의 그리움은 늘 넉넉하게 출렁인다

밥 짓는 냄새 집집이 고소한 수문포에는
짭조름한 바람이 배인 맨밥
한 숟갈로도 배부른데
서너 개 작은 섬들이 걸리적거리는
수평선엔
오늘도 휘청거렸던 하루가
불그스레하게 취해 있다

목련꽃 그림자에 대한 소묘 외 2편

빛으로 가셔 낼 수 없는 밤
목련꽃 냄새 풀어, 풀어 빈 방을 가득 채우면
어둠이 그리움처럼 속속 들어앉는 방
등줄기부터 흐르는 실핏줄을 통과한 달빛이
창밖에 음영화법을 펼쳐 놓았는데
파편처럼 튕겨져 나온 그림자가
일정한 리듬으로 변주되고 되풀이되는 무늬는
이승의 발자국 소리였을까
그림자에도 소리와 그늘이 있다는 걸
저승의 그림자 보다
더 고요한 목련꽃 그림자 묶어두고
모로 돌아누우니
천상의 꽃등이 죄다 터져버려
확 번져오는 단절된 공포
이제 빛을 떠나서 무엇을 할 수 있겠느냐고
까만 그림자가 따라오는 밤에는 절대로
묻지 않기로 했다, 아무 일도 없었던 것처럼
시린 봄의 등 뒤에
목련꽃은 그림자로 있었으니까

목백일홍(배롱나무)꽃

— 명옥헌에서

바람의 간지럼을 타면서도
담담하게 받아드리는 것은 초월의 경지를 넘어섰나보다
뿌리의 미동도 없이 붉은 심장 한 점이 소멸하면
또 다른 한 점 솟아나는 붉은 심장이
윤회를 거듭하지만 세상을 소유할 수 없다는 걸 알았던가
이를테면 하늘의 등때기에 쓴 푸른 문장의 기별로
붉은 처녀성을 깨뜨리며
한여름 팽팽한 햇살로 익은 가을의 현을 타며
슬픈 영혼을 위로해주기 위한 덫일 수도 있겠다
덧없음의 소용돌이에 빙글빙글 휘돌아 나가는 꽃향기
제 것인 양 피 묻은 깃발을 가을의 뺨에 문지르며
뾰얀 묵음으로 혼자 추는 춤사위는
얼마나 치열했던 사랑 이야기를 가슴에 품었기에
저리도 선명한 선홍빛 얼굴일까
그래서일까, 선홍빛 사연들만 모아 등불 밝히며
'그렇게 만나 백일동안만 사랑하고 헤어졌어!'
너는 백일동안이라도
후회 없는 사랑이었기에 여한이 없겠다
꽃구경 끝내고 돌아 서는 연지에 떨어지는
노을빛 한줄기 붙잡아 붉은 입술 닦는 시간이 서럽다

밤비

어둠을 타고
내리는 비는 유난히 종잡을 수 없다
우산을 쓴다고 바지가 젖지 않는 것은 아니다
갈팡질팡하는 생애처럼 조심스럽게 우산을 펼치면서
사는 일이라든가 죽는 일이라든가
내일은 어떠할 것이라든가, 생각지 않는다
2
밤비에 젖은 사막은 내일이 없으니까
다만 그들이 태어난 곳이 그곳이라면
의지와는 상관없이 전갈이 우글거리는 사막이어도
기꺼이 가고 싶어 할 것이다, 당신이 밤비를 맞고 가든
혹은 우산을 받고 가든 그것과는 무관하게
집으로 가고 싶어 하듯이,
3
밤비 내리는 냇가에 앉아
흙탕물에 물고기들이 튀어 오르는 풍경을
지켜보는 일도 때론 삶의 위안이 되기도 할 것이다
언제나 우린 흙탕물을 뒤집어 쓸 위험인자를
감수해야 하기에, 그러다 보면 굳은 믿음이란
함부로 붙잡아 둘 수는 없는 노릇

4
가령 밤비가 넘쳐 어둠의 둑이 터졌을 때
탁류에 휩쓸려 그들은 먼 길을 떠날 것이고
나머지 것들의 일부는
사막을 향해 다 쏟아 부었다고 하자
어쩌면 그것이 신기루의 씨앗이라 해도
낙타는 마음에 두지도 않고 홀로 걸어 갈 것이다
5
그렇게 홀로 내리는 밤비는
낙타 젖 짜는 유목민의 가까운 밤에
푸른빛으로 남겨지기를 염원하며
내게도 내렸다, 꽃뱀의 이마를 적시며

시

설 주(심영자)

겨울나무 외 2편

하얀 기둥 하나 세우고
잔가지로 서 있다
지나는 바람에
스르륵 부딪는 가지는
오는 이 없어 외로웠다고
흔들흔들
반갑게 인사를 건넨다

지난 가을 이별한 낙엽은
그의 곁에 있어
보내지 못한 사랑으로
밑둥이를 토닥토닥
다독인다

새들도 찾지 않는
텅 빈 산허리
따사론 겨울햇살
가득 차
봄날을 노래하며
푸름 하나 남겨둔다

찔레꽃 사랑

어미새 부르는
아기새 울음
저녁 빛에 날개 퍼득인다

하이얀 찔레꽃 필 때면
어미새의 분주한 손길
가난은 두려움으로 밀려오고

풀어헤친 보따리는
취나물, 고사리, 분대, 찔레순
한낮의 배부른 허기로 쏟아져 내린다

하얀 꽃 피우지 못한
아홉 살 어린 사랑은
아직도
분대* 속 희망으로 피어나고

*분대_ 전라도 깊은 산에 분포, 취나물의 식물로 잎에 하얀 분이 났으며 설날 인절미 만들 때 사용함

잠실역 8호선

오금 가
오금 안 가
이건 8호선이고
오금은 5호선이야

해질녘 바쁜 마음만큼이나 다급한
어머니들의 실랑이가
삶의 곡선 되어 부르짖는다

저를 어쩌나

내 갈길 바빠 종종 걸음 옮기며
괜한 오지랖이
뒤를 돌아본다

교대 사당 방면 2호선
줄줄이 엮어진 끄나풀
하염없이 흐르고

하루를 마무리하는
시린 발목
지하도를 빠져 나와
노을 속에 발 담그는 여유

장닭 외 2편

마른 장닭은 서럽다
이리 보고 저리 봐도 서럽다

잘려나간 벼슬의 크기처럼
광복 70년을 앞둔 어느 구부러진 말처럼
찌그러진 짐칸을 굴러다니는 꼭지 마른 수박처럼

나도 슬프다
하늘도 땅도 슬프다

아홉 살의 어느 아침 밥상만큼
메마른 여자의 일그러진 머릿속만큼
불혹의 어느 날 찍어 준 도장의 빛깔만큼

서러운 너도 서글픈 나도
굴레의 틈바구니에 동이 튼다

죽어가는 벚나무 구멍에 빗물이 들어
새싹이 돋듯이
부러진 운명의 숲에도
실볕이 들 듯이

해갈

오랜 가뭄 끝에 비가 내린다
반가운 마음으로 저수지에 왔다
사람들은 드문드문 보인다
기다리다 지쳤는가
님이 오시는데 다 어디로 갔는가
봄에 집을 지은 나무는
독기를 풀고 묵묵히 비를 받아들인다
오랜 방황 끝에 귀가한 남자를 맞이하듯이
맹꽁이들은 밤낮을 가리지 못한 채 울어대고
작은 새들의 율동은 어느 무대보다 경쾌하다
울울창창 다사만복
세상 곳곳이 잔칫날이다
철새의 군무가 빛난다
양껏 날개를 편다
날갯짓의 저의를 아는지 모르는지
둘레의 고요가 심각하다
미안한 하늘의 마음이
땅의 뭇 생명에게 베푸는 잔칫상이다
천지의 조화가 미소로 꽃피는 날이다

빨간 운동화

몸이 해를 신었다
아침 해는 머리에 쓰고
한낮에는 뜨거운 가슴에 품는다
하늘이 몸으로 들어왔다
몸이 하늘이 되었다
눈알들이 몸안을 굴러다닌다
어처구니 하나를 몸에 달으니
메마른 허공에 꽃이 핀다
중심에 피는 꽃은 붉다
몸에 핀 꽃은 뜨겁다

시

송상익

가을길 외 2편

코스모스 하늘거리는 길목에서
발걸음 붙잡는 상념
오롯이 지나온 세월 뒤돌아보네

소꿉친구들 재잘거리며
가을햇살 마중하던 그림자 스쳐가고
황금 들녘 너머 인자하신 얼굴로
날 오라 손짓하는 아버지

바람에 희미하게 지워져 가고
눈가엔 내려앉은 이슬방울
처연함에 고개 들어 허공을 의지하네

길섶에 곱게 단장한 코스모스 사이로
지나가버린 공간 흐릿하게 손짓하네
파아란 하늘 바라보며 붙잡힌 상념
바람에 보내고 홀연히 가을 길 걸어간다

홍대거리

푸르른 바다 위
물결치는 생동감
떼를 지어 가을
향해 즐긴다

꽃 중의 꽃
젊음을 뽐내며
싱그러움 넘실거리고
활짝 핀 웃음꽃
아름답구나

연둣빛 활활 타오른
가을의 거리
비취빛 하늘도
젊음축제 환영하네

가을을 향해
달려가는 인생
홍대거리 발자취 남기고
잠시 봄기운 느껴본다

파아란 꿈

흐르는 세월
터널 속으로
빨려 들어간다
허우적거리며 빛을 찾아
손톱이 닳도록
허공을 긁어 보지만
거칠해진 모습

주저앉은 마음
박차고 일어나
쓰린 상처
바람에 떠나보내고

서 있는 이 자리
터널 끝을 바라보며
폭설이 지나간 언저리에
파아란 꿈을 새겨본다

시 | 송연주

가을 오후 외 2편

계절의 주소를 잊고 살다
불그족족 계절에 취한 잎샐 만나
빈 방에 쭈그려 앉아
꺼이꺼이 울다보면
꼼꼼히 접혀있던 감정들이 정리 된다

덮어둔 나를 꺼내 털어 말리노라니
아파트 꼭대기에 매달렸던 햇살이
내 발치로 툭 떨어지며
눈웃음 슬몃 내려둔다

마주보며 웃어 주려니
풍경도 남기지 못한 쓸쓸한 그림자로
돌아서고 있어
가을의 연인이 되어 꼭 안고
오래 서 있었다
말이 없어도 따순 가슴 나눌 수 있다는 걸
가을도 나도 알기에
아무 약속도 없이 손 흔들었다

갈꽃상여

상엿소리 들린다
새벽잠 깬 그녀
작년 갈게 말려둔 단풍 닮아 있다

골수 염세주의자의 주검인지
상여는 보이지 않고 소리는 끊임없이 가깝다

소리비 내려 그녀를 적신다

그녀를 젖게 한
바스락거림은 성급히 날아올랐다 천천히
서서히 조용히 바닥을 뒹군다

바람 한 줄기
화라락 달겨들어
천지에 애절한

편지. E-mail

1. 편지

오로지 너만을 위해
몇 날 밤을 새웠는지
찢어 버려도 마음은
다시 푸른빛을 냈었지

오자가 있어서도 아닌데
보고 또 보고
너인 듯 글자 하나하나
눈으로 만지며 떨리는 입맞춤을 했었지

집배원의 자전거 소리가
환청으로 들릴 즈음
딸그락거리던 가슴은
재滓되어 풀썩
볼 위 꼬부랑 소로 길
갈래 잃어 웅동그려 앉은 자리 뒤로
기다림이 어둑어둑 내리던 날 있었지

그 랬 었 어

2. E-mail

"딩동, 메일이 도착했습니다"

손가락 하나 까딱, 봉투가 열리고
의무로 뭉쳐진 말들이 오글오글 제 할 일을 하고 있다
멀리 있는 친구가 잘 있느냐 묻는다.
그
리
고
'사랑해' 라고 쓰여 있다

맛이 없다

만파식적萬波息笛 외 2편

저 속에서 소리가 울려나와 보호막을 형성하면 어떤 횡포도 범접치 못한다지. 바람도 막고, 홍수도 막고, 파도도 부숴 버리고 은밀히 계획되어져 침투하는 병마病魔 같은 유혹도여지없이 막아낸다지.

피리 소리가 되어 온 세상 덮을 만큼 커다란 차일遮日을 만들 것이다. 유리벽처럼 물샐틈 없는 밀도를 갖추어 사방 막아 놓고. 아! 사랑 하나 납치해야지. 독점해야지. 죽어 넋이 되어서도 끝낼 수 없는.

요즘 난 무녀巫女

나에게 어떤 영기靈氣가 있었던지 햇살의 등 뒤를 스치는 구름의 예고 감지하는 징조가 있었다. 늦은 밤 복도를 걸어오는 가족들의 발자국 소리에 묻어있는 기분을 읽을 수 있었다.

요즘 누군가의 메시지를 받는다. 함께 묻어온 사연을 읽는다. 선별된 활자에 묻어 있는 그의 수고를 읽는다.
문자, 젠틀한 턱시도 차림이지만 날 붙들고 늘어지는 건 언제나 그의 고뇌, 그의 권태, 그의 부담……

보이지 않는 것을 볼 수 있다는 건, 들을 수 없는 것을 들을 수 있다는 건 일상의 평온을 모두 바쳐야 하는 것임을 사람들은 알기나 하는 걸까.

나에게 사랑은 삶을 뒤흔드는 신神내림이다.

줄탁啐啄을 꿈꾸다

머무는 시간이 짧아
빛나는 순간 놓칠까 애태우는,
어쩌다 행운을 얻으면
흔적 없이 사라져도 슬프지 않을 것 같은
온 몸에 사랑 한 방울뿐인,
깊은 밤 소리 없이 빚어져
이른 새벽 풀잎 위에 태어나
햇살 가득 머금고 있는,
오직 한순간
그대 눈길만을 소망하는,
아침 이슬인 나는……

시 — 신을소

붓길 외 2편

하얀 화선지 위로 사계四季가 지나간다.
매화, 장미, 국화, 대나무
이리저리 옮겨 다니다가
탱탱하게 여문 포도송이 앞에 서본다.
어디든 길을 내지 않으면
잃어버릴 것 같은 또 다른 길에서
새롭게 만나고 싶은, 시월의 나
잊어지지 않을 도장을 쿡쿡 찍듯
까만 자국 따라
길을 걷는다.

핸드폰

한 점 파란 빛, 깜박깜박
날 잊지 말아요, 독촉이라도 하듯
껌벅이는 눈

지하철 어느 역사, 스크린도어에 박힌
시 한편을 찍어 보내준 아우
그도 이제 나이가 들어
깜박깜박 하나보다

전에도 찍어 보내주었던 사진
아마도 지하철을 기다리다가
그것을 보니, 나를 만난 듯
반가웠나보다

깜박깜박 잊지 말아야지
아우님이나 나나.

살피꽃밭

살피꽃밭에 돌나물 새순이
새파랗게 돋았다

돌나물이 맞는지 확신이 서지 않아
지나는 아주머니에게 물으니
돌나물은 확실한데 비가 안와서 자라지 못했다며
조금만 뜯으란다

욕심내지 않고 그날의 양식만을 위해
산을 오르내린다는 어느 시골 할아버지 말씀이
떠오르는 오후, 장미가시에 찔릴까 조심조심
뜯어온 나물을 깨끗이 다듬어 씻고
물에 담갔다가 또 씻어낸다

일용할 양식을 구한 내 기도가 후드득후드득
장마철 소나기소리처럼 들린다.

갈대 외 2편

나의 시월은
제 스스로
바람이 되어

제 스스로
흔들며 우는
강나루
우거진 갈대 숲이지요

나의 시월은
작별로 시작해

올 때도 그러하시더니
가실 때도 그리가시니

아! 작별은
빈말이 아니네요
눈물이네요

때 묻어
지워지지 않는 것
정 때문이지요.

눈 온 날의 단상

북한산 산마루에
흰눈 쌓이면
괜히 온 세상 하나가 되어
좋았다 그랬지요

아침 햇살 눈부신
베란다 창문 활짝 열고 내다보면
금방이라도 유리창
쪼아 내릴 듯한 새소리 새소리
귀가 시려도 좋았다 그랬지요

그리고
다저녁
황혼이 사선으로 꽂히어
반사되는 한강변 63빌딩
창 눈부시게 신비롭다 그랬지요

그래 맞아요
지금 베란다 아래
사철나무 가지에 가볍게 쌓인
눈을 바라보며
난 지금 당신의 생각
그 잔가지에 앉아 있지요.

님에게 보내는 편지

나는
날마다
하이얀 종이배
한척
쪽배로 접어

새벽 닭 잦추는
동구 밖 지나

귓바퀴에
송골송골 맺히는
냇가로 나가

아!
평생을 들고서도
지우지 못한
님의 이름 하나

먼 먼
바다로
띄어 보냅니다.

시 | 여서완

손가락이 말을 한다 외 2편

손가락이 말을 한다

손가락이 질문을 하고 말을 하는 세대다
바빴던 입들은 후방으로 물러나고
손가락이 하는 말에 손가락이 대답한다

차마 입 밖으로 꺼낼 수 없던 가슴을
손가락이 먼저 고백을 하고 만다

가만히 잡은 손, 손가락이 얽혔다
엉킨 손가락이 바르르 떤다
뿌리치지 않고 말이 필요 없는
따스함이 공유되는 그런 시간도
손가락은 말을 하고 싶어한다

손가락이 입보다 많은 말을 하니
만남 앞에서도 손가락은 바쁘다

나이 든 이들은 다시 언어를 배우고
젊은이들은 아예 손가락이 그들의 문화다
나이 든 이들의 결과물인 셈이다

다음 세대에는
텔레파시가 말을 하는 시대가 오고 있는지도 모른다

손가락이 한 말이
웅웅거리며 말을 걸어온다

비움과 채움

뒤깐에 앉았다가 딴 세상을 온전히 만나
그곳에 앉은 것도 잊었다

같이 사는 사람에 비해 뒤깐 앉아 있는 시간도 짧고
무아지경에 빠질 만큼 여유 있게도 못 있는다
뒤깐이라 적힌 선암사의 그곳과
송광사의 그곳을 다녀오고
백운대 단풍나무 아래에
흩어진 휴지들, 이곳도 그곳이었구나 했다
뒤깐에 앉아 SNS 보다가 그냥 빠져버렸다
지인의 미국 버지니아 퍼덕이는 새 소식을 보며
온전하게 여행의 추억을 기억해 내는 시간도 있다

비움의 대명사 같은 뒤 깐
비움과 채움의 집이 되는구나

가을을 심다가

흙 속에 살던 지렁이가 자지러지며 놀란다
예전에는 내가 더 놀라는 줄 알았다
모종삽에 몸이 반으로 갈라져 꿈틀거릴 때는
나는 온 동네가 떠나 갈 듯 소리를 질러댔다
베짱이는 아니라고 하며 가을 음악을 선곡하던 청솔*이
큰 소리 없이 놀라는 표정만 보고도 이제는 안다는 눈빛이다
얼른 흙으로 덮고 국화뿌리로 꽉 눌렀다
누른다고 죽지도 소리치지도 않는 것을 안다
새로운 꽃들이 마당에 오는 날은
잊어버리고, 소리 없이 그곳에 살고 있는
지렁이들이 놀라는 날이다
가을로 화사하게 피어나던 국화꽃 똥구멍이
들썩들썩 가끔은 간지러울 거다
그렇다고 나만큼 놀라지는 않겠지

*청솔_ 같이 사는 남편

시 | 유나영

가난한 광산의 소년 외 2편

광산의 소년은 노동을 합니다
다섯 식구의 삶을 위해
돈을 모아야 하고
가난한 열두 살의 소년은
식구를 먹여 살려야 합니다

소년의 한 달 벌이는
우리 돈으로 헤아리면 고작 2만 원인데
그 돈으로
온 몸은 상처로 얼룩지고
얼룩진 몸으로
돌과
흙과
먼지를 둘러쓰고
지하 수십 미터
위험한 난간을 딛고
들어가고 있습니다

우리들의 가난한 아들인
서 아프리카의 소년 벤자민은
조금의 쉴 틈이 있으면

남에게 뒤처지지 않으려
책을 본답니다

나는 어린 소년의 노동을 보면서
땀으로 얼룩진 보수의 대가를 보면서
오늘 친구의 초대를 받고
고급음식점에 이르렀습니다
우리 일행의 음식 값이
열두 살 소년 벤자민의 십 년 노동의
벌이인 것입니다

나는 2013년 어느 아침 TV의 화면에서
어린 소년의 집
그 움막을 들여다보면서
서 아프리카의 한 소년
벤자민의 이름으로 불리워진
노동의 땀을 쓸어 담고 있습니다

강물이 흘러서

흘러가야 하는가
가는 것
돌아오지 않는데
물결처럼 흔적만 뿌리다가
그것마저 쓰다듬고 가는가

강둑을 따라가면
그리움만 퍼붓는데
풀잎의 외로움을 알고
게가 나문재에 올라 동무 삼아주고

갈잎과
억새와
서로 벌거벗은 채 나뒹구는
강가에
강물은 흘러
오류의 삶도 쓸어 담고는
어디로 가자 하는가

꽃물 젖은 울안

꽃물이 손톱에 물드는
행복을
그만한 행복을 만나기 위해
나는 꽃밭을 손질한다

질 고운 토양에
꽃무더기 올려놓고
황홀한 꿈 이야기처럼
고이는 향기도 받쳐놓고
나는 미학의 역사를 주문한다

덕으로 얼리고 쌓이는
생활의 이랑이랑
고운 자리에
화사한 눈빛을 걸어 울리면 어떨까
미간을 좁히면서
미소로 길들인 울안이면 어떨까

순한 꽃잎새의
표정을 가꾸면서
표피에 얽매이는
꽃자주의 빛살
나는 그 따뜻한 빛살의 향기를
오래 걸어 울리게 하고 싶다

리액션* 외 2편

— 긍정의 몸짓

손 한 번 잡아 주고
등 한 번 다독여 줄 것을
마음 한 자락 얹어주지 못하고 등을 보인다

길 떠나고
돌아와도 여전히 대책 없는 날
이런 날은
뻣뻣한 목 풀어가며 형용사로 치장하고
번개 같은 헛발질로 오지항아리 하나 쯤 명중했으면.

바람에 몸을 맡긴 들꽃의 몸짓이 발목을 잡는다
살며시 그의 얼굴에 코를 대어본다
으음~~난 어깨를 들썩이며 양 손 엄지를 치켜세운다

말로 해도 되는 것을
은근히 툭, 툭 치며 괜한 너스레로 다가오는 사람
꼭 한 박자 쉬었다 말을 걸어온다

무슨 말을 할까?
기다리는 시간이 싫지는 않다

*리액션_ 서로간의 긍정과 소통의 동작, 몸짓.

푸르름에 대하여

아이들 함박웃음
쏟아져 내리는 골목길은 늘 싱싱하다
공중으로
튀어 오르다 사라지는 물고기의 묘기도 바다를 닮았다

폐 속을 관통하는
공기의 숨소리도 상쾌한 날
모든 것이 물감으로 번지는 이 계절에
숲은 조용히 몸집을 부풀린다

강변 둔치
비린 비늘 같은 잎새의 반란이 변주되면
호랑나비 애벌레도 푸른 몸 출렁대며 외출을 서두르고
지나는 바람에도 일제히 몸을 뒤척이는 나뭇잎의 잔물결

나 오늘
물푸레나무* 되어 물속에 잠기면
나의 외출도 푸른색으로 물드는 그림 한 장

*물푸레나무가 물속에 잠기면 물이 온통 푸른색으로 번진다.

힘줄

DNA 연결고리
인연의 실타래
탱글탱글한 거미줄
남성을 발기시킨 수만 개의 혈관
지그시 누르면
쑥 들어갔다 튕겨지는 장돌뱅이 모진 그녀
전등사 추녀를 떠받치고 있는 네 명의 나부상
그들의 핏대선 목 줄기에서
400여 년 끓고 있는 용광로 같은 혈맥
나의 첫 하루 일과는
찬찬히 세상의 붉은 영혼들을 들춰보는 일
허공을 차고 나는 벌새의 어깨에서 근육질의 수고로움을
우주 가득
꽃향기 탐하는 나비의 가는 발목에서 분출되는 견고한 에너지를
오늘도 나뭇잎과 낙엽의 잎맥을 뒤적거리며
생은 결코 버석거리지 않고
눈물처럼 촉촉하다는 걸 안 순간 난 널 생각했지
이승의 견고한 끈을 놓은 마른 장작 같던 너를

요동치며 질주하는 심장의 뜨거운 만찬이여
타액처럼 끈끈하고 밧줄처럼 질긴 것들의 경이로움이여
모든 생명이라 명하는 것들은 붉고 질기다

낭독 외 2편

다 자란 연어가
첫 숨 터진 산천 그리워
태평양 물살 뒤로 하고
계곡물에 몸 부비며 거슬러 오른다

인생은 태어난 곳 그리워하고
생명이 싹튼 모토를 사랑한다

내 시심이 움튼 고향
서로 교통이 없다 해도 나 홀로 사랑하리
마중물 없어도 바가지 띄우고
달빛 친구 삼아 낭독하리라

별들이 내려와 풀잎 이슬에 목축일 때
착각의 시학 그 거울 앞에 몸단장한다

나 세상 떠날지라도
시의 숲속에 남겨진 흔적
누군가 낭독하며 떠올릴 때
별들은 다시금 즐거워하리

나,
착각의 시학에서 태어났음이여.

가을

갈바람은
수평선 너머 불어와
물결은 출렁이고

원두막에 벗어 놓은
밀짚모자에
잠자리가 자리 잡고

코스모스
흔들리는
들녘에는 황금물결이

이슬이
소리 없이 내리는 밤
눈물로 감사하는 가을

겨울나무

잎이 청청해
무성하던 나무
새들의 보금자리

잎들이 다 떨어져
추운 겨울나무
비바람 홀로 맞는다

눈 덮인 앙상한 나무
고개 들어 하늘 보며
묵상의 열매 맺는 겨울나무

시

이삭빛

뜬봉샘* 외 2편

태초의 금강은
너의 그 하얀 웃음.
세상에서 가장 작은 미소가
세상에서 가장 큰 세상을
품고 있구나.
고운마음 하나로
맑은 눈빛, 그토록 눈부시게
천리향으로 흐르는구나
고단해도 좋으리.
아무도 찾지 않아도 좋으리.
누구나 찍힌 상처를 안고와도 좋으리.
네 열정은 그 무성한 숲들 사이로
사랑을 휘감고 스스로 품으리니
강렬한 키스의 절정이어라
대한의 푸른 길이어라
행복한 고통의 약속이어라
여기에서 희망을 마시는 자
청춘이 되리니
갈망하는 자여, 하늘을 닮은
천지에 와서
가장 작은 물방울로 사랑하라

*뜬봉샘_ 금강의 발원지

왜란 구국의 명장, 황진 장군

— 황희 정승 5대손을 기리며

바다의 장군은 이순신요 육지의 장군은 황진이라
세종임금 시절,
청백리요 영의정을 지닌 황희 정승 5대 손, 황진 장군
1576년 무과에 급제하여
1590년 조선통신사 정사 황윤길의 무관이 되어
일본으로 간 구국의 명장
날아다니는 왜인들의 서슬 푸른 눈빛 앞에서도
그들의 머리 위를 날아가는 새를 쌍으로 떨어뜨렸나니
그의 화살은 조선의 자존심이요,
그의 검은 영원한 무궁화 향기여라.

1592년 임진왜란 이치전쟁,
전라도절제사 권율 장군의 독전 하에
동복현감 황진 장군이 왜적을 격파하였네.
호남의 수도 전주를 침공하려 했던 왜장 고바야가와 다가가게.
하늘과 땅도 핏빛으로 쏟아 오르게 한
우리나라 역사상 가장 처참한 전쟁이여!
왜적의 머리가 가장 큰 민족사적 핏물로 푸른 산을 뒤흔들었네.
그러나
황진의 화살은 백발백중
적의 시체가 수십 리에 즐비하였다오.

이에 왜적은 전주 침공의 야욕을 버렸으니
스스로 목숨을 자처한 야망의 종이 울렸도다.

바다의 장군은 이순신이요, 육지의 장군은 황진이라.
죽어서도 죽지 않은 영원히 꺼지지 않을
구국의 명장 황진 장군
조선의 심장으로 불타올라
대한의 정신, 돋아나는 봄빛으로 태극기 높이 솟아오르도다.
조선의 종소리 무관의 가슴으로 뜨겁게 피워 오르도다.
조선의 종소리 대한의 이름으로 뜨겁게 피워 오르도다.

바다의 장군은 이순신이요, 육지의 장군은 황진이라.

혼불

—최명희 문학관에서

외로움이 너무 커
불에 태웁니다.
태워도, 태워도
꺼지지 않는 외로움이
불같이 일어납니다.
불꽃이 되어 피어나는
꽃은 아무도
꺾을 수가 없습니다.

혼자임이 두려워
바람이 됩니다.
흔들려도, 흔들려도
당신은 더욱 뚜렷하게
피어납니다.
그리움으로만
피어나는 꽃
당신은 아무도
가질 수 없는 선혈 꽃입니다.

시 | 이삼헌

우루무치* 실크로드 카페로 가자 외 2편

친구야 봄이 오면
우루무치 실크로드 카페로 가자
시안쯤에서 고선지 장군 말 마차 타고
혜초 스님도 모셔
님프들이 횃불 들고 불 밝히는 곳
이따금 거리에선 무장군인들 포복하지만
열아홉 살 서울내기 우리 순이가
낙타들로 물레방아를 돌려 물을 푸는 실크로드 카페로 가자

이마를 들면 천산산맥이 하늘에서 달리고
청포도로 스민 햇빛들이 몰래 집을 짓는 곳
파미르 고원을 넘으려는 대상들이 줄을 서서
구도求道를 구걸만 해도 성자가 되는 다클라마칸사막
누란의 미녀는 3천 년 넘어도 눈을 뜨지 않는다
천개의 모래알보다 더 많은
강들이 길을 만들며
죽음도 삶도 야트막한 둔덕으로 사라진다
친구야 우리 함께 물레방아를 돌리러
인도를 지나 로마까지 말 마차 타고
이동하며 실크로드 하나 되는 순이네 카페로 가자

*우루무치_ 아름다운 목장이란 뜻의 우루무치는 신장위구르자치구의 주도, 파미르 고원 넘는 실크로드의 요충지. 다클라마칸 사막은 한 번 들어가면 나오기 힘든 죽음의 사막이라고 일컬어지기도 한다.

베꼬니아꽃

포성을 밀어내며
피보다 진하게
여울져오는
베꼬니아의 행렬

빛나는 태양 아래
언제나 추방으로만
전도되기 마련인 내가
다시 후송 트럭에 실려
야전병원 뒷마당에
버려지던 날

호기롭게 일어나며
나를 부르던
베꼬니아여

향로봉 아래
내린천 따라
탄약고 안에서
지금은 더욱 우아하게
내게 안겨오는 베꼬니아꽃

덕물산 장군당 성계육을 드시오

을지문덕 대장군은 나오시오
강감찬 대장군 나오시오
양만춘 대장군도 나오시오
덕물산 장군당 성계육을 드시오
징을 울려라 북을 두드려라
깃발 높이 올리시오
8도 도통사 최영 장군 납시오
답답하고나 원통하고 원통하도다
천년이 흘러도 내 무덤엔 풀이 나지 않거늘
이놈들 일어설 수가 없고나
좋은 말을 살찌게 먹여 시냇물에 씻겨 타고
장부의 위국충절爲國忠節 세워볼까 하였는데
내 목을 치다니, 원통 하도다 이놈들
이리 오너라, 평서대원수 홍경래 장군도 이리 오시오
얼씨구! 덕물산 장군당 성계육을 드시오

*황해도 덕물산 장군당_ 이성계에 의해 원통한 죽임을 당한 최영 장군을 기리는 굿당. 굿이 끝나면 참석자들은 속칭 이성계 고기라는 성계육(成桂肉)을 씹어 먹는다.

시 | 이애진

속울음 외 2편

바다가 부르지 않아도
바다로 달려가고 싶을 때가 있다

파도가 청하지 않아도
함께 울고 싶을 때가 있다

바람은
숨어 울어도 우는 것을 다 안다

소리 내어 울어도
왜 우는지
우는 것조차 모르는
고독한 이가 세상을 떠나면
바람이 될까

쉬고 싶고
기대고 싶어도
그럴 수 없던 나무는
죽어서도 제 등걸에 기대
지친이의 고단함을 풀게 한다지

나무에게 영혼이 있다면

그건 바람이려나
나이테가 되어버린 속울음
휘잉휘잉
겨울바람 소리로 풀어내는.

쉬

시인의 손자는
쉬를 시라고 한다

할머니가 아무리 고쳐 말해줘도
시인의 손자는 여전히
쉬할 때마다 할머니를 쳐다보며
의기양양하게 쉬를 시라고 한다

"그건 시가 아니라
쉬에요
쉬!"

"할머니 나도 시한다
시……"
시인의 얼굴에 웃음꽃이 피어난다

시인의 손자는
시를 쓰지 않고 시를 한다
쉬 하면서……

학림사의 봄

두견화 만발한 사월의 수락산
천년 고찰 학림사의 봄
풍경 소리
향기 잃은 속세로 중생 구제 나섰나

그윽한 봄 향기
사람이 예쁘다 한들
꽃만큼 예쁠 것이며
마음의 향기 좋다 한들
꽃향기만큼 좋을까만
전생에 쌓은 덕이 있어
아름답다 할 수밖에

동자승 끔뻑끔뻑 졸고 있는 한나절
불암산 딱따구리 소리 염불되어 들려오고
뚝뚝 지는 꽃잎 불전함 시주로 가득 차니
햇빛 쬐러 나온 아기도마뱀
합장한 채 졸다가
스님 빗자루질 소리에 화들짝 놀라
꽃무더기 사이로 달아나고
봉화산의 꽃소식 바람결에 들려오면
흔들리는 모든 번뇌
부처님 전 촛불 앞에 108배로 내려놓다.

시

이연분

돌고래 쇼 외 2편

술에 취한 남편은 고래 소리를 낸다
수족관을 벗어나
태평양 어디쯤 헤엄치다가
드르렁 드르렁 코를 벌름댄다
세상 따윈 무서운 게 없다
큰소리 뻥뻥 치던 허세
깊은 밤으로 추락할 즈음
이렇게 한 번씩 고래가 되는 것은
떠나온 고향이 그리워서다
엎어진 몸을 누이니 바다의 냄새 출렁댄다
이따금 공중회전도 마다않고
불룩한 배를 보여준다
튀어오를 때마다 떨어지는 물방울
이마에 내천川자를 그리며 사라진다

풀

오랜만에 찾아간 시골집 텃밭에
풀이 무성하다
고추밭인지 풀밭인지 모를 정도지만
빨간 고추들이 듬성듬성 달렸으니
고추밭이 분명하다

쭈그려 앉아 풀을 뽑는다
매니큐어 바른 손톱에
금세 흙물이 들고
칠월의 열기가 꿈틀거린다

깔끔하기로 따지면 아무도 따라갈 수 없는
반질반질 엄마의 젊음은 어디로 가고
이 한 낮 풀만 자라는가
호미에 딸려오는 잡풀을 걷어내며
고추처럼 빨간 코를 푼다

무거운 저녁 해가 몸을 숨기면
뽑지 못한 풀을 밟고 나는 가야 하리
서울까지 따라오는 달빛 한 줌에
눈이 시린 밤
풀이 운다

오리무중

입으로 음식물이 넘어가기 전
그는 꼭 기도를 한다
일용할 양식을 주신 하느님 아버지 아멘
두 손에 가려진 말랑말랑한 거짓말 따라
아무 일 없다는 듯 우리들도 아멘
입 열지 않는 음식들만 고요하다
분주한 손놀림 지나간 뒤
위장에 가득 찬 저 배부른 분노
창자를 뒤흔드는 소리와 함께
치욕의 가을은 깊어간다
수압 센 물줄기 따라 정화되는 아침
일용할 양식을 주신 하느님은
햇살이 되어 비춰는데
내일은 몇 번이나 손을 모으고
또 몇 번이나 속아 넘어가야 될까
이정표 없는 사람의 숲
안개 자욱하다

시

이종영

물꽃 외 2편

뜨락 호수에 떨어지는 두려움
동그랗게 그리다 마는
빗방울
창백한 꽃이다

피고 지고 피고 져도 상처 맑아
안타까움 고요해지는

풀잎 소리처럼
딱지 떼어낼 수 없는
언니의 아픔 같은 꽃

수선스러운 날
빗줄에 기대어 가만히 내려다보면

초연을 묻게 하는
하나의 생명이다.

국화

황금 물은 잎은
수많은 사연 흐트러짐 없이 침묵으로 피우는
단아함 읽는다

참으로 단아함은 흘리지 않은 만큼
제 품 있는가?

그윽한 향기가
여름과 함께 보낸 봉숭아 꽃물 같은 사람
사색게 하는

가을의 깊이로
사랑의 뒷모습까지 멀리 보게 하는

성찰의 꽃이다.

문방구엔 화평이 주인이다

나, 어릴 적
봐도 봐도 물리지 않는 만화책처럼
가고 또 가도 설레움의 노다지, 문방구였다

잘 익은 설레움 허투루 남는 것 몰랐을까?

조무래기들 실로폰 오색 건반 튕기는 소리로 와
눈으로 한참 끌고 다니다가
맑아간 웃음으로 찍는 호기심을

삼백예순날 마주하는 나는

햇빛 새는 세월에 화평의 노다지 캔다.

시 | 이희두

논개 외 2편

햇살에서 잉태 된 여인 주논개
장수 계내면 주촌에서 태어나
진주성에서 왜장 게야무라 로쿠스케를
열가락지로 껴안고 바다 밑으로 뛰어 들었나니
그 이름 구국의 여신, 주 논개님이라.

천둥도 비켜가고, 핏물도 비켜 선
그 푸른 바다에 논개의 눈빛이 서글퍼
사랑하고픈 여인이여.

하염없이 흐르는 그 물결 위에
작은 돛단배 가슴에 품으며
뜨거운 사랑 고백하노니
죽어서도 죽지 않고 애간장을 녹이는
불사조 여인이여,
그대는 우리의 자랑스런 조국이여라.

논개 생가에서
— 코스모스

세월이 흘러도
죽지 않고 피어나는
저 곱디고운 가냘픈 여인이여

겨레의 가슴 속 등불로
활활 타올라
첫사랑처럼 빛나는 그리움이
맨 가슴을 파고 들 듯
바람이 부는데
의기인들 어떠하며
부실인들 어떠하리.

조국의 부름 받고
뜨겁게 목숨 받친 내 사랑이여
그대의 숨결에
뜨겁게 안기는 날,
밤인들 어떠하며
낮인들 어떠하리

이미 그대는 구국의 여신
아리다운 호국의 성녀로

천도만도 더 넘게
붉은 무궁화로 춤추는데
진실로, 진실로
의롭게 죽어간 당신은
소리 없이 빛나는 꽃이요,
가을 햇살에 찾아드는 높은 하늘이라.

의암 주논개

너는 왜 말이 없느냐?

긴 세월 꽃다운 나이로 살면서
조국에 수호신이 돼버린 논개여!

조용한 자태로 입 다물고 서 있는
눈빛이 장미꽃보다 아름다운데
너는 왜 말이 없느냐?

왜장의 머리를 네 발 아래보다
더 깊은 곳에 처 박아버렸는데
총, 칼보다 강한 꽃이 있다는 것을
왜놈들은 몰랐으리라
결코 몰랐으리라.

붓꽃 외 2편

고고함
풍기는 자태
하늘빛 햇살 머금은
우아한 봄을 만난다

묵향 품은
때 묻지 않은 꼿꼿한
영혼의 형상인 양
신념의 핏줄 꿈틀대는

하늘 향한
부끄럼 없는 굳은 의지
청남 색
생명의 날개 짓

한 폭의
그림 같은 봄을 낚는다

석류 3

새소리 물든
촉촉한 나뭇가지
일심으로
수행하는 붉은 울음
밤낮 없는 묵언수행
오체투지로
득도 위한 용맹정진

이글대는
태양의 숨결
알알이 박힌
지혜의 법어
영혼 가득
보석으로 반짝이는
핏빛 깨달음
웃음 공양하네

어시장 풍경

구룡포 어시장
좌판대 위에 펼쳐진
싱싱하게 마른
가자미 맑은 생선 눈이
나를 뚫어지게 쳐다본다
생선 손질하는 아낙들의
애틋한 삶의 손길도 보인다

가슴 활짝 열어젖힌 채
비닐 줄에 꿰여
바람에 취해 건들거리던 과메기
무더기로 누워있다

지나는 구경꾼들에게도
덤을 준다며
옷자락을 잡아당기는
호객꾼들의 호방한 목소리

시끌벅적한 갖가지 생선 가게
비릿한
사람 냄새 물씬 풍기는
떠들썩하고
생동감 나는 질펀한 삶의 풍경

시 – 장성렬

안개 외 2편

우리 둘만 알자했던 은밀한 이야기
천칭의 한쪽에만 맘에 드는 떡시루 올려주고
완벽한 균형이라고 우겨대며
자지러지게 마주치던 박수의 편린들이
하얗게 빛바랜 가루가 되어 피어오른다
손가락 걸던 언약
입 맞추며 걱정 덜어내던 사연
마을 이장 방송으로 크게 떠들어
고샅길까지 두루 깔린 소문이랑
앞으로 두 손 모으며 겸손한 척 고개 숙인 예의마저도
실핏줄 색깔 하나 바꾸지 않고 손을 뒤집는다
시력 좋은 매는 이른 아침에 보고
막 털 벗는 허청 수탉의 무던함도 점심이면 다 아는
우리 둘만의 은밀한 이야기
들켜버린 전신이 식은땀에 젖고
웃기는 양심의 이마에 흩어져 내린 머리카락마저 후줄근해도
한나절이면 걷어야 할 두텁고 허망한 이불을 믿은 탓이다
배신감에 떠는 따가운 시선
곁눈으로 바라보는 비아냥 모두
습관처럼 외면의 강에 구멍 난 족대를 털고
북쪽 골짜기 어둠을 불러 음습한 안개를 준비하는
불쌍한 장승 천하대장군.

동엽령

십리거리 팔 벌려
북에는 중봉
남으로 무룡산 세워놓고
경상도 전라도 앞뒤로 굽어보며
원추리 노랑 붉은 동자꽃
제 색깔로 피워냈다.

아직도 장마는 끝나지 않아
천년 주목도 이마에 이슬을 달고
외길마저 젖은
향적으로 가는 십리 안개길
어둠 헤집는 마음에
맑은 새소리 한줄기 등을 켜든다.

어머니, 아흔 살

방안에 앉아
사립 밖에서 자동차 멈추는 소리만 들려도
마루 끝에 나와 앉아
미리 웃고 계시더니

이제는
어머니 하고 불러도 대답 없다가
희미한 아흔 살 시야를 막아서야
아, 왔냐? 하고 웃는다

경로당 마실가서 들은 이야기
죄다 전해주면서
다시 속상해 하고 웃기도 하시더니

이제는 본 것만 짐작으로 들려주면서
더는 속상할 것도 없다는 듯이
마냥 아이처럼
웃는 일만 많아졌다.

시

장수현

아내의 머리를 염색하며 외 2편

가녀린 자리옷의 아내가 더듬이를 잃었다
까맣던 머리도 밀려오는 파도에
하얗게 부유하는 거품인가
어느덧 하이얀 포말을 덮은
아내의 그 곱던 머릿결은
세월의 깊이가 너무 아득하여
마른 못 속에 젊음을 놓아버렸다
아내의 깃털을 뽑아 염색약 자배기를
하얀 포말에 쫌쫌히 발라간다
그 가늘고 조촐한 가난을
소중히 품고 살아온 빛바랜 시간들
다소곳이 앉아있는 아내는
목주름과 견골이 깊이 패였다
겨우내 산구릉 휘감던 회한의 눈나비 같이
하얀 엉클어짐을 염색약이 까맣게 물들인다
어느새 하늬바람이 푸스스 날아와
깃털로 쪼아놓은 머리에 세월을 심는다
나의 빛바랜 침묵을 탕진하는 날에
아내의 까만 머리는 다시 둥지를 틀었다.

멀고 깊은 말에 대하여

장항선 새벽열차에 어지러이 뭉쳐진 말들

부랑자의 시간을 지운 동공 없는 말들

밤새워 나뒹구는 소주병에 젖은 말들

어둠을 유혹하며 맴돌다 스며드네

그 말은 빛을 멀겋게 투영하는 창틀에
입었다 벗어놓은 순백의 고독이 되었네

언어의 가지 끝에서 백야를 찾아 헤매던 그 말은
깊이 빠지고 멀게 젖어가는 소멸의 속성에도
맨홀을 열고 끄집어낸 갈기 없는 말이네

허공으로 흩어진 그 잔재의 무게들을 부리로 쪼아댄
난파의 묵언에 생성된 낮은 산들이 침몰하는 슬픔이네

오월의 숲에 갇힌 홀딱벗고새 한 마리도 '홀딱벗고' '홀딱벗고' 우는데
날지 못한 온몸을 그득 감싼 언어의 거죽을 홀딱벗고
숨차게 달려온 열차에서 튕겨 나온 파편처럼
휘감던 철길 바닷가 뻘 속 깊숙이 파고드네.

존재는 착각인가

4월을 월담한 바람이 피웠던 꽃은
천 번 만 번 죽었다던 저승사자다
그 꽃은 착각으로 점철된 존재의 다리를 앞세우나 보다
봄날 노을 진 허공에 들어선
도심의 우듬지 끝에 곤고함을 구겨 넣고
어두운 북쪽을 바라보는 생을 부인하려 사위는 꽃
꽃잎이 하늘로 날지 못함에 밤을 새워 절망했다
그 원혼을 담고 무기수로 살아가던 늙은 꽃은
아버지의 아버지 같은 삶에
있어도 없음이고 없어도 존재하는 의미에 곡했다
이제는 한 잎 두 잎 자진하는 참혹한 모습에도
침묵하는 자목련 밀랍 같은 착각 속에
나는 부표 없는 밀림의 발원지를 찾아
목젖을 짓조르는 고적감에 함몰한다.

시

장재흥

고추잠자리 외 2편

때 이른 고추잠자리
땡볕에
하늘을 난다.
길 잃은 가막새
처음 갔던 그 길처럼

빙글빙글
고추잠자리
빙글빙글
어지러운 세상
맴돌다. 맴돌다.
발갛게 달아오른 고추잠자리

자목련으로 다시 피어

목련꽃 곱게 피어오르면
시대의 억눌린 자유
청춘의 구슬픈 노래 부른다.

목련화야
땅의 정기로 생명을 노래하라
밤새워 불태우는
순백의 달콤한 사랑
목련꽃 하얀 종이 위에 적어
땅속 깊이 묻어 두어라

바람 부는 언덕
목련 꽃잎 한 닢 한 닢 떨어지던
아! 오월
그날의 붉게 젖은 함성을 잊지 못하노라

그리고 먼 훗날
귓전에 들리는 이명처럼
슬픈 가슴 저며지며 하얀 목련 떨어지면
자목련 꽃
남풍 타고 피어나라

꽃비 내리던 날

인생에도
꽃비가 내렸으면 좋겠다.
사나운 바람 불어와
갈라지고 부서져 버린
거친 황무지

메마름의 갈급함 속에서
비가 내린다.
마지막 빛을 발하던
꽃잎 내린다.

인생의 가을
밤새워 내리는 비
갈라진 영혼에
꽃비 내렸으면 좋겠다.

시 | 정해현

사과 꽃을 따며 외 2편

승진에서 물먹은 날
농촌 일손 돕겠다고
사과꽃 따러 과수원에 왔다

하얀 무더기 꽃 중 가지마다
하나만 남기고 다 따내야 한다는 주인장의 설명
누구를 남길까
안쓰러워 주저하는 내게 한 마디 더 한다
열매가 맺히면 또 솎아 줄 거라고

선택된 꽃 한 송이 남기고
내 손이 지나간 사과나무
밑둥치 꽃잎과 꽃봉오리들로 하얗게 덮인다

군소리 없이 떨어져 내리는
꽃잎들의 의연함에
비로소 손이 부드러워진다

따사로운 햇빛
살랑거리는 바람
벌들의 날개소리

꾸우꾹 산비둘기 노래
짝지어 일하며 두런두런 이야기꽃 피우는 사람들
팔랑거리는 흰나비

숱한 낙화와 낙과의 못다 부른 노래가
이 모든 것이
들어있는 거구나
붉게 익은 사과 속에

살아살아야 한다
— 세월호 유가족을 생각함

사람들이 제게 온종일
"네 하느님은 어디 계시느냐?" 빈정거리니
낮에도 밤에도
제 눈물이 저의 음식이 됩니다.*

한바탕 봄꿈
눈 뜨면 다 사라져 있기를 얼마나 바랐던가

연둣빛 비늘처럼 파닥거리던 이파리들
노란 잎사귀
메마른 가랑잎으로 지고
찬비 맞으며 땅으로 가라앉아 가는데

빈 산골짝 회색 바람
기댈 곳 없이 적막하다

정녕 한 번 더 안아 볼 수 없는가
네 투정
네 어리광
네 웃음소리

맨살 가르며 삭풍 몰려오면

홀로 저 산등성을 어찌 넘을까
그래도 살고 싶다

내 살아야 널 기억할 테니

*구약성경 시편 42장 4절

퇴근 길

늦은 밤
운전하여 다니는 북한산 뒷길
라디오 음악 홀로 들으며
서울 집으로

여름밤
가을밤
겨울밤
그리고 봄밤
또 여름밤
마냥, 천천히
아끼며 지나는 길

언덕지고 곧다가 굽이지고
까만 산자락
가로등 아래 이슬 젖으며 묵묵한 벚나무들
충직하게 명멸하는 신호등
다시 볼 수 있다는 안온함이 옅게 흐르는 길

머잖아 내 일터의 길 다 끝나
그리지 못할 때 올 터이니
자주 보는 소중함이여,
오, 자주 다니던 길이여

시

조경화

밍밍해서 좋다 외 2편

딱히 할 일 없다
주전자 물 끓는 소리도 한가롭다

차 향 퍼지는 탁자 위에
하루만큼의 먼지가 앉아있고
나이만큼의 시력으로
바람도 햇살도 순하다

열정이 녹슨 것은 아니다
반짝거리는 것이 시시할 뿐
오래 살았다는 혜택으로
적당히 건너가도 괜찮은 거다
이제야 사는 거
숨쉬기 편하다.

아담에게

동조한 그날
중독된 원죄
태초도 아픔이었을까

뱉지 못한 금단의 열매
붉디붉어
핏물 떨군다
온 몸으로
너를 품어도
춥다.

여행자

낯설게 스쳐가고
아무것도 몰라서 좋다

그냥
선한 눈빛이 좋다

얻는 것으로 하루를 연명하기 보다는
잃는 것으로 내일을 기다리는 듯
무심의 표정이 편하다

바스락
남루한 신발에 밟히는 방랑의 무게
무엇이 궁금해서
하늘수레에서 내린 것일까.

산토끼 외 2편

이른 봄, 햇살 타고 도봉산을 오르다
바위에 앉아 홀로 봄볕을 즐기니
옆구리를 가만히 비벼오는
산토끼 한 마리

햇볕 좋은 제 자리 내가 범한 걸까
슬쩍 비켜 자리 열어주니
당연하단 양 자리 잡고 두 볼을 비비며
나를 바라본다

겁 많다던 토끼 두 눈에 두려움 하나 없어
먹던 배 잘라 손바닥에 놓으니
얼씨구 요것 봐라
내가 제 벗인 양 편안히 식도락에 빠진다

오호라 얼쑤, 얼씨구나 지화자로다
기별도 없이 날 찾아온 이 친구
시원한 배 달콤히 먹고 나면
바람에 봄볕 타서 햇살차까지 한 잔 대접해야 하나

산까치도 북한산도 그러면 좋겠다 한다고
능선을 불어 넘어온 바람이 내 귓가에 전할 때
봄눈 틔우는 나무들도 맑은 눈짓으로 그러자 한다

아라뱃길

넘실거리는 천년의 꿈이여
출렁거리는 천년의 삶이여

눈부신 햇살 아래
서울의 꿈이 서해로 향하고
서해의 꿈이 서울로 흘러드는 지금

개화에서 오류까지 오류에서 개화까지
은빛 물결 따라 번져가는 것은
고려의 웅혼이더냐 조선의 맥박이더냐

서해를 흘러 동지나해를 건너서
인도양 대서양 태평양을 돌고 돌아
한반도로 다시 흘러들 융융한 국운이더냐

바다를 가슴에 품은 아라뱃길 물결 속에
포항 부산이 그림처럼 보이고
융융한 인천항 그 물길 너머
칭다오 베트남 러시아가 두 눈에 살아오면

청둥오리 쌍쌍이 헤엄쳐 가는 물길 따라
아라아라 푸른 물결 두둥실 일렁거리고
아라아라 꿈을 찾아 열리는 원대한 아라뱃길이여

접을 붙이며

나는 고염나무
너는 감나무

햇볕 좋은 날
봄빛 마당에서
우리는 운명처럼 만났다

우리 이제 물관을 타고
나는 너에게 땅기운으로 흐르고
너는 나에게 하늘빛으로 흘러야 하리

그리하여
전설 같은 노오란 감꽃 피워내고
꽃잎진 자리마다 꿈들을 키워내야 하리

하늘을 품고 살아가는 우리 가슴이
그리움으로 붉게 물들어
가을 하늘을 투명하게 비춰낼 때까지

그리고
우리들의 숨결이
푸른 하늘에 눈 시린 까치밥으로 남을 때까지는

시 | 조영갑

가을의 숨소리 외 2편

한가로운 캠퍼스 오후
가느다란 실바람이
마음에
잔주름살 만든다.

오래된 벤치 위에
계절 건너는 구름은
일렁이는 숨결을
이별 준비한 단풍은
울렁이는 고독을
잘 익어 터진 밤송이는
퍼덕이며 환희를 일으킨다.

인생도
세월의 무게만큼
깊어진 발자국 안고
소리 없이 흐르는 강물 되어
곱고
의미 있게
익어가는 나그네

어디선가 발목 적시며

걸어오는 소리
이브 몽탕의 고엽노래를
스잔한 마음 위에
살짝 얹어 본다.

그래서
가을은 그리움을 옮기는 계절
로댕의 생각하는 사람을
만드는 조각가인가 보다.

단풍잎 기도

소리 없이 밀려간 가을
야윈 가지에
황금빛 물든 나무 잎
황홀한 외출을 하네

지는 햇살
가지마다 스치고
잎새 잎새들
찬 이슬 품고
잠든 사이
욕심 없이 채색되어
마른 향기 품어 내네

단풍잎은
피고 지는
삶의 순리
한줄기 바람결에
마지막 길
떠나면서
미움도
눈물도 보이지 않고
다시 태어날
푸른 꿈 위해
기도하네

비워져 간 고향 추억

인생이 나이 들어간다는 확실한 징후는 고독이 찾아오는 것이라네.

삶의 여정에서 가끔씩 창문 밖에 떠가는 구름과 아롱거린 달빛에 스며든 고독한 공간에 고향의 그림을 그려 보네.

고향에는 꿈이 있었네.

고향은 천사의 섬(1004개의 섬) 중에도 아름다운 섬, 쪽빛 바다에 떠 있는 비금도는 철새

텃새가 날은 형상이라고 해서 새 섬 비금도飛禽島라고 부르네.

선왕산 그림산 기슭에 옹기종기 동네 굴뚝 연기는 조용한 행복을 소망하는 착한 사람들의 향기였지만, 지금은 사람 떠난 빈 터전들만이 새로운 주인을 찾고 있네.

철없이 뛰놀던 뒷동산에 전쟁놀이하며 내가 이겼니 네가 졌니 큰소리치며, 나라를 지키는 대장이 되겠노라고 환호했던 모습들은 보이지 않고, 좁디좁은 옛 동산 되어 이름 없는 초목만이 너울춤을 추고 있네.

초등학교 수업이 끝나면 들판에 나가 쇠꼴을 먹이며 구슬놀이 자치기하고, 풀밭에 누워 종달새 노래에 휘파람 불며 꿈 꿨던 소꿉친구들은 다 어디로 가고, 옛날 그 노래를 함께 부르고 싶어 하는 건가?

고향은 따스한 품안이었네.

살아온 조상님의 흔적과 부모님의 영혼이 숨 쉬는 땅이라네.

고향은 삶이 고달프고 슬퍼질 때면 그리움으로 찾아와 힘내어 다시

일어나라고 토닥거리는 어머니의 품안이었네.

사는 것이 힘들고, 어깨에 짊어진 짐이 무겁다고 낙망하지 말라, 고난이 지나면 반드시 기쁨이 올 테니 참고 인내하라며 격려해주었네.

오직 자식만을 위한 환한 미소는 보이지 않고, 주름진 흔적만이 추억의 작은 바람이 되어 스쳐 가네.

10년이면 강산이 변화한다는 말이 있지만, 지금은 1년이면 변화한다고 하네.

새벽에 닭이 울고 강아지가 목청껏 짖어 대며 쟁기질하고 호미질하던 목가적인 고향 풍경은 아주 먼 옛날의 이야기가 되었네.

세월은 사람을 기다려 주지 않는 것인가?

정다운 인심 다정한 얼굴들은 이승 저승으로 사라져 간 시간과 공간은 메아리마저 들려주지 않네.

하루해가 황혼 빛을 발하며 저물어 가는데, 고향의 추억은 비워져 가네.

보고 싶고 듣고 싶었던 고향의 메아리, 예쁘디 예쁜 고향 추억의 공간은 무엇으로 채워야 할 것이지 아련해지네.

그렇지만, 오늘도 걷는다. 그 고향의 길을…….

냄새를 쓴다 외 2편

기다린다
낙엽 굴리는 길에서 나는
문자를 만지려 핸드폰 꺼내
음성보다 문자가 쉬울 것 같은
기다림의 거리
은행나무 거리를 돌다
글감 하나 만난다

희뿌연 먼지들이 날뛰는 거리
빗자루가 낙엽을 따르는 오후
은행나무 밑 쾌쾌함
누렇게 뿌려진 채색된 도로 위로
구린내가 차바퀴 타고 번져나가고
내 신발 바닥 타고 올라온 그 냄새
뒷간 찌푸린 변 냄새로 와 선

냄새가 돌아다니는 거리
은행은 열매를 뿌릴 뿐
톡톡 알맹이 노랗게 터지는 거리에서
정류장에 흐르는 코 막은 적막

지친 마을버스 오늘따라 연착인가

주머니 핸드폰 손아귀에 든다
음성이 아닌 문자라도 주면
냄새가 안 날 텐데

그냥 지나가는 나뭇가지
은행들의 낭만인 가버린 거리에서
고개 떨구고 너에게 문자를 쓴다

고향 그리워

아직도 충분히 이안냇가 물빛을 보지 못했어
그래도 함창 장에는 가 봤어야지
산 넘어 이모 집 가는 산길을 걸어 봐야지
뒷산에 놀던 소나무 아직도 있을 거야
언제나 그곳 보름달 볼 수 있을까
앞 냇물 그대로 흐를까
기찻길은 그대로
신작로도 그대로
건빵 파시던 하꼬방할머니
그때 할머니 돌아가셨는데
큰집 아제는 아직도 이장일까
큰 마에 오래도록 고향을 지키고 있겠지
순이네 집 앞 우물은 그대로 있을까
순이는 아이들 잘 크고 시집장가 보냈겠지
두고 온 내 고향 경북상주여

초이 김양식 선생님

어려서부터 꿈의 불길이 물길을 트고
깊숙이 파고 든 인도 사랑
시인의 가슴속 세상을 넘고 또 넘으시네

예술의 혼 듬뿍 묻혀 동방의 횃불 높이 드시던
타고르의 시가 강이 되고 교육이 되네
인디아가 뽑아 낸 실타래 올올이 풀어가며
역사의 옷깃을 주섬주섬 기우시는 문화의 전령사

사제 털어 인도박물관 당신 건물에 채우시고
조상의 얼 묻어 당기는 영상 채제공
채씨 육대손 며느리로써 그 소임 다하시는 초이 선생
인도와 한국의 문화재 아우르는 귀한 손길이다

시바의 손끝에는 감사의 눈길이 아롱지네
아 어머니 아홉 번째 시집 극진한 효부의 사랑
끊임없이 게워내는 장미처럼
해를 더하고 달을 더하는 역사의 주인공이다
초이 김양식 선생님.

비우기 외 2편

내 것인 줄 알았다
폭염은 길어도
확실한 믿음 때문에
인내를 서둘렀다

함께했던
남아있는 진실이 보여
날개가 있어도 떠나지 못하는
늙은 잠자리

행복했다고
앵무새처럼 뇌이며
진작 익히지 못한
비우기의 가물거림

밤잠을 설치고
아침 이슬에 젖은 채
꿈에 본 청산을 나르며
얇은 허물을 벗는다

해파랑 길

해 뜨는 동녘
파란 바다가 있는 해안 길
밀려오는 파도
하얀 포말까지
그리운 얼마 만인가

송지호 둘레길을 접어들면서
예고 없는 소나기 세례
설레이는 마중이다
촉촉하게 스며드는
짜릿한 만남

선뜻 잊기로 했던 풍경
젖은 눈 너머로 흘러내리고
잡으려 해도
기다림을 뿌리칠 줄 아는
너는 지금도 먼 곳에 있는가

아카시아

후각을 일제히 깨운다
기억을 맡아보라고
오리무중인 달콤한 향
잔해라도 가져오라고

하찮은 것에
내 마음이 멈췄다
속절없이 희미해지는 건
생각을 지우라는 것이지

하얀 꽃 무더기
너한테서 건져내던
그날이 그리운 거야
섞이고 오염된
바람의 항변
죄지은 자 침묵해야

시

최창일

바람1 외 2편

보이지 않는 존재지만
보이지 않게
존재의 힘을 부딪친다.

바람에 흔들리지 못하면
꽃은 피우지 못한다.

바람 2

묵시록의 공간
사상의 서식처
생각의 등불
미당 서정주를
키운 것.

배려

연탄재를 차면서 연탄재에
신발이 더럽혀질 거라 생각하면
타인을 배려할 준비가 되지 못했다.

배려란 내 생각이
먼저 타인을 받아드리는 것
배려는 삶의 본질이다.

꼭해야 할 말이 있을 텐데
전화를 하지 않는 그대
너무나 큰 배려.

시
|
하
택
례

길 외 2편

삶은
길에 흔적을
남기는 거라네

어린 청춘이
마구 뛰놀 때
흰 구름에 꿈 띄우고
강남 갔던
제비를 기다리며
워낭 소리에
가난이 숨 쉰
논두렁 밭두렁 길이었네

불타는 청춘이
숨차게 뛸 때
치열한 광장에서
성취가 얻는 희열도
회색빛 아픔이 있던
검은 아스팔트길이었네

오래된 청춘
노을 진 햇살에

무거운 짐 내려놓고
감사기도 드리며
어느 숲 속서 찾은
무늬 고운 새와 함께
부르고 싶은 노래
춤추고 싶었던 몸짓으로
향기 가득한 오솔길을
걷고 있네.

인생길은
험하고도 아름다운 길이라 했던가.

인생

나는 누구인가
어떻게 살 것인가의
고뇌가 이어지는 삶

인생은
자신의 각본으로
연출 주연도 하는
단 한 번의 공연장

불확실 시대에서
확실의 삶을 위해
스스로 채찍질하며
걷고 뛰는 전쟁터

누구에게도
책임 전가할 수 없는
의지로 일궈 낸
열정의 결과물이기에
더 이상 여백 없이
써내려간 백지 한 장

그래서

인생은
삶의 고통과 성취감의
황홀한 감옥인가 보다.

별빛으로 만난 그대

마음 깊이 새겨진
언어의 집짓기 위해
밤하늘 영롱한
별빛으로 만난 그대

수많은 별들의 속삭임
알 수 없는 바람소리는
내 마음속에
보이지 않은 언어가 되어
선잠 풋잠 토막잠 속에
그대와 함께 향기 피우며
도란도란 시로
수놓는 밤

소중한 인연
언어의 집을 함께 지어 간
행복한 순간
살며시 펴면
날아갈 것 같아
오늘도
손에
꼭 쥐어봅니다.

시

현미정

나로부터의 창조 외 2편

너 때문이라 말하지 않으리
너 때문에 아프다 말하지 않으리
나 없으면 너도 없고
너 없으면 나 없는 것을
어찌 너 때문이라 말하리

애당초
모든 것은 나로부터
시작이 되는 것을
사랑하는 것도
미워하는 것도 나이고

형상도 보이자 않는 마음
고요히 바람 이는 홀연함
미친 듯 따라가
원인의 숲을 만들어 놓고
새가 되어 날듯
누구를 원망하리

사랑하기보다 그리워할래요

똑 독 똑 들어가도 될까요
노크하고 싶어요
그대 가슴에

하지만
이 설렘 간직하고 파요
쪽빛 하늘 두둥실 핀 연꽃

핏빛 석류 알알 익은 가슴
그냥 그
그리워할래요.

자연과 더불어 스러져
나 하늘 오르면
그대 그리워 눈부시게
그리워

눈서린 가을 향 듬뿍 안고
그대 지나는 길가
나지막한 들꽃으로 피어
살갑게 다시 보게 해 달랠래요

꽃도 피면 지는 일뿐
나 이렇게 그냥
그리워할래요.

4월이 오면

바람도
찬란한 봄이 오면
이른 아침
휘적휘적 찾아와서
목례를 한다
여명의 아침
활짝 열어놓고

그림자 누워있는
꽃무덤 찾아
찬연한
새봄 슬픈 기억 담아.

고개 떨구고
휘적휘적 찾아와서
인사를 하고 돌아서 간다
산 넘어 바람이.

시

김도연

진달래 백서 외 2편

붉은 입술만 보면 빠져 죽고 싶다던 취중진담을 아무렇지 않게
발설하던
k의 이야기가 문득 생각나는 밤

굳게 닫힌 열하고도 아홉 번째 쪽문을 열고 그가 오고야 말았다

분명 내 것이 아니었는데 끝내 내 것이 되고야 말았다
엔틸로프캐년에서 빛과 붉은 사암이 만들어내는 초현실적 세상에
빨려 들어가듯 그렇게 국경도 없는
신비로운 나라에 안착하고 말았다

훔쳐보는 시선이 싫지 않다

숨소리조차 새털 같은 시간 앞에 눈꺼풀은 떨리고

언제 그와 나란히 누워 본 적 있었던가 몸의 비망록은 따습고
지독하다고 나는 적는다
서로의 존재를 확인하면 할수록 캄캄하게 그리워지는 속성을 잘 알기에
슬픔을 감싸 안고 더 붉게
물들어 가는 통증을 그냥 지켜보기로 했다

그와 몸 비벼 내는 물의 소리는 수줍고 낯선 직립이다

누군가 또 훔쳐보고 있다

봄이 익어가는 동안
속눈썹을 그리던 금요일은 빈혈을 앓고

그림자 속 진진홍 지도를 펼쳐놓고 소쩍새가 가는 길을
잃어버렸다고 고백하는 그녀는 연분홍 얼굴
배시시 웃는다

꽃들은 고개를 북으로 꺾고

태양의 골목길 끝에서 꽃들은 고개를 북으로 꺾는다

수직으로
수직으로 떨어지는
빗방울

수런거리다가 햇살에 녹은 봄날의 강물은
얼굴 치켜들고

긴 겨울 침묵했던 입술을 닦는다

갑작스런 사월의 강설
모질게도 꽃잎 짓밟아 한동안 소란 피우고난 뒤에서야 바람에
날개 접는 꽃들
꽃들은
죽어서도 꽃무덤 공동체를 이루고
노래는 비에 젖어 시체로 눕는 다는 것을
계절은 알고 있었을까

태양은 골목길 끝자락에 와서 고개를 동남향으로 돌리려다가
떠나기 싫은지 투닥투닥
오가는 빗줄기 사이사이 꽃의 행간을 넘나드는

새들은 하얗게
하얀 기억을 쏟아 붓는다

석 달 열흘간 기차와 버스를 갈아타고 꿈속의 계단을 찾아 힘겹게
물병자리에 올라온 나는
왜 여기서
홰를 치는 것일까

간결한 눈망울 빤한 거짓말로 밝은 표정을 짓는 데이지 꽃이
파랑새가 되어
날개 파닥이는 봄날

꽃들은 고개를 북으로 꺾고 날아간다

주름의 논리

미얀마의 여인들은 나이가 들어감에 따라 차츰차츰
당연한 자연미
자연스런 주름이 생겨 더 아름답다

주름이라는 단어조차 사랑스럽게 여기는
미얀마의 여인들

그들은 얼굴에 이상한 나무가루를 바르는 습관 덕분에
피부는 윤택해서 광택이 나는데
속살은 또 얼마나 건강하겠느냐고 수다를 떠는
중년의 네 여인들은
호기심에 초롱초롱
눈이 빛난다

그 나무 이름이 아마 바오밥나무일 거라는 엉뚱한 추측에
바오밥나무 노래를 바오밥, 바오밥 흥얼거리며
제각기
키 큰 나무 바오밥나무 꼭대기에 올라가
톱질을 해대고 있을 것만 같은
느낌

숱 없는 머리가 자꾸만 빠지는 게 더 큰 문제라고

투덜투덜 예순을 바라보는
성질 급한 사람들은 심술보로 피부가 팽팽해진다는
남들 폼 잡고 살 때 주름을 잡고 살아 얼굴이 자글거린다는
그들의 웃을 수 없는 이야기를 바오밥나무에 걸어놓고

바오밥 바오밥나무여, 착한 노래를 불러주렴!

성격이 예민하고 모질어 늙는 것조차 빠른 것 같다고
고통스런 충고를 나에게도 해주고 싶지만
웃어서 생긴 주름은 예쁘다, 라고
주름의 행간에 특별한
의미를 새겨주려

에잇, 그깟 주름
뜨거운 다리미로 확 펴듯 웃음보다리를 자꾸 풀어먹이면
하회탈을 쓴 얼굴에 어느덧
만복이 깃들 거라고 말해주고 싶다

시

김경호

가을 나비 외 2편

여름내 침묵했던 은행잎이
허공을 끌어안고
완연한 노랑나비 떼로 채색되어 갈 무렵

3미터도 날아오르지 못하고
하나 둘
콘크리트 위로 떨어져
퍼덕거리는
우우우
바람 높게 불던 날

이승과 저승 사이
비수 같은
가을비가 찾아왔다

젖은 날개는
물먹은 휴지처럼
바닥에 붙어 버렸고
꽃처럼 아름답던 꿈은
내리는 빗방울에
산산조각 깨져버렸다

날수 없는 설음을
어두울수록 빛나는
가로등 아래에서 말려 보지만

이미
죽음을 알아차린
말기 환자처럼
노란 날개는 빛을 잃고 있는
스산한 가을이었다

슬리퍼 사랑

퉁퉁 부은 너의 발을 헐겁게 품어
시원함의 여유를 선물하려
온종일 입 벌리고 웃고 있는 나

뒷굽 닳아버린 구두 벗고
구멍 난 양말 쓰레기통으로 던져 버리고
상큼한 숨을 함께 호흡하며

힘에 겨웠던
너를 쓰으윽 끌고 가는
느슨한 행복
편안한 시간만큼 느린 걸음

다섯 발가락의
원초적 자유로움에 간지럼 태워
바람을 즐기는 어느 여름

튕겨 들어온 모래알의 침입도
까닥까닥 털어버리는
한가로운 시간

하루

하늘
붉은 사탕
바다 입속에 넣어 주면
바다는 하늘은
하나가 된다

수평선이 사라지기 전
빨간 등대는 눈을 뜬다

간간이
솜털구름이불 뒤척이는 소리뿐

고요한 몸짓은 오히려
별들의 호기심을 일으켜
이상야릇한 상상을 키우고

등대 불빛
긴 하품이 이어질 즈음에
하루가 태어난다

오늘도 성스러운 시간을 위해

존재하지 않은 선을 긋고
아무 일 없던 것처럼

하늘과 바다가 엮어내는 청정한
하루라는 쪽배에 몸을 싣는다

시 | 김인자

만추의 오후 외 2편

아무도 없는 산속
무성한 소리가 보인다

사스랑거리며 부산하게 술렁이는
무언의 춤사위
바람이 날개를 펼치면
무뚝뚝한 나무도 곁을 내어주고
나무 등에 매달려 비지땀 자아내던 덩굴손의
짧고 긴 손사래
슬퍼도
아름답게 아득하다

찬조를 자청한 햇살
맘껏 반짝이며 햇살을 되돌려 주는
거울 같은 후박나뭇잎들
잔잔한 합창 넘실거릴 때
눈부신 숲속의 오후를 읽는다

하늘은 꽃신을 신고
가을산으로 내려왔다
이방인의 침입에도 나뭇잎들의 포옹은
뜨겁게 전염되어 붉게 물들고
새들도 가을을 비비며 숲을 흔든다

연꽃

홀로 피어 성스러운
향기
불러 모은다

안으로 안으로
삼켜
고독한 성찰
소담한 눈빛으로
피어오르는

處染常淨의 꽃봉오리

외로움 한 잎
불확실한 그리움 한 잎
아득함 한 잎

*처염상정(處染常淨)_ 더러운 곳에 머물지만 항상 깨끗함을 잃지 않음.

포동리

누군가 몹시도 그리워
가슴에 파도가 칠 때면
포동리에 간다

가끔 고라니 한 쌍
놀다가는 산자락에 앉아
호수 동그란 여울
마음에 그리는 포동리

지붕 위 북극성이 불러주는
자장가에 잠들고
낮달이 그네에 흔들리다 떠나가고
쥐똥나무 울타리 사이로
외로운 바람 한 점 쉬었다 가는 곳

길고 긴 사연 풀어놓는
시냇물 소리 두런거리는 곳

내 안의 내가 무거워질 때
조각 난 시간이 깊숙이 찌를 때
나의 내가 나를 배반할 때

영혼의 청아한 쉼표가 필요할 때

에덴이라 부르는
포동리에 나는 간다

시 | 김종식

中伏 무렵 외 2편

당신 몸 마디마디 병드는 줄도 모르고
평생을 쥐어짜내기만 하던 어머니
불볕더위에 정신 줄 놓으셨다

폐부 깊숙이 박힌 옹이는 며칠째
강도 높아가는 메스에도 꿈쩍 않고
응결된 핏덩이로 막혀버린 혈관
평형을 잃은 하반신은
반의 반걸음 내디딜 때마저도
당신 걸어온 길조차 잃어버렸다

마른 수건 비틀어 짠 듯
물기 없는 피부는
지난 세월 아픈 흔적만 검버섯으로 얼룩져
주삿바늘조차 거부하고 있었다

온 몸에 검은 그늘 깊어만 가는데
오로지 자식 걱정이신 어머니

구부러진 허리춤에
86ml 수액을 거꾸로 매달고

장마전선 북상한 삼복더위 속에서
가쁜 숨 내쉬며
증손녀 돌잔치 돌값 하던 걸음걸이로
이 악물고 버티고 서 있다

발길이 멈춘 길섶 끝

여름 내 잡초들 틈에서
숨바꼭질하다가 이 가을
홀연히 걸어 나왔다

그 옛날
소꿉친구 영희의 머리에 달빛보다 더 흰
구절초 화관을 씌워주며
내 색시가 되어준다면, 하던 바램은
꽃향기의 찬란함 때문이라 생각했다

색 고운 햇살로 연지 곤지 찍고
화관을 쓴 영희의 수줍은 미소는
어여뻐서 슬픈 숭고한 몸짓이었다
구절초의 달콤한 유혹 탓이라 믿었다

해질 무렵
멀미나는 향기를 따라
발길이 멈춘 길섶 끝에 구절초가 피었다
먼 시간 속
내밀함을 안고 무더기로 피었다

가을은 오래토록
꽃등을 켜고 하얀 손 흔들며
기억의 강을 건너고 있었다

외사랑

작열하는 태양과 노닐다 싫증이 난
연두씨가
한 쪽 입술을 쪽 밀어 올려
수면 높이에 대고
누구 없나요!
불러 보는 모습을
안성천 갈대숲을 산책하다 보았다

찾아 올 때마다 수없이 늘어나는
연두씨 씨앗들이 수면을 구름처럼
덮고 있는 모습은
연두씨의 그리움이 점점 더
늘어나는 것이라 생각도 해보았다

생각은 자꾸만 바짓단을 잡고
놓아주지 않는데
어디선가 나타난 한 쌍의 오리
알 수 없는 상형문자로 서로의 몸짓을 확인하며
두 시 방향으로 미끄러지듯 사라졌다

수면과 수심 사이

연두씨를 향한 나의 궁금증은
자꾸만 개구리밥처럼 흘러 다니고
두 눈 애틋하게 누구 없나 찾아 헤매던
연두씨 입술도 타들어가고

아무 일도 일어나지 않을 것 같은 오후
태양은 여전히 뜨거운 입김을 토해내며
雨의 체온을 기다렸다

시

이명숙

털리다 외 2편

은행은 털리고 있다

여름 뙤약볕 견디고
뿌리까지 아팠던
세월을 이긴 훈장
가을 햇살에 황금빛으로 빛날 즈음

복면 두르지 않고
총하나 들지 않은
민낯 바람에게 힘없이 털리고 있다

구겨진 표정의 사람들은
검은 봉지 한 가득
은행을 주워 담아
암울한 시대 속
가을 부자가 된다

욕심 없이 내어주는 은행나무가 안쓰러워
불안한 밤을 꼬박 새운 초승달
꾸벅꾸벅 졸고 있는 낮달이 되어서도
여전히 곁을 지켜도

은행은 털리고 또 털리고

만월

어머니의 눈물 이야기를 들어준 보름달이 왔다

모두가 잠들었던 그해 추석
맨드라미 곱게 핀 장독대에
고단한 그림자 두 손 모으시고

우리 아들
34개월 건강하게
무사히 군복무 마치고 돌아오게 도와주소서!

사람들의 소원만큼 커져버린 달에게
눈물로 기도를 올리시던 어머니

쪽문 뒤 어머니 몰래 바라보던 어린아이
따라서 눈물 흘리니
달빛도 고개를 떨구었다

시간은 빠르게 흘러가고
어머니의 애타던 기도소리
둥근 가락으로 흩어질 때쯤
보름달은 가만가만 이야기를 들려줄 것이다

눈물로 적은 어머니의
편지를

미련

가슴 때리는 빗방울의 수만큼
퍼져가는 그리움
어딘가에 있을 그대에게
수화기를 들어봅니다

울리기만 하는 전화벨소리
들리지 않는 그대 목소리
수화기를 내려놓지 못한 채
아무 것도 생각할 수 없습니다

강물이 훤히 보이는 들꽃찻집에서
손끝에 전해졌던 따스함
한번이라도 느끼고 싶은데
눈빛만이라도 그저 건네 보고 싶은데
그대 없이 바라보는 강물 위로
비가 내립니다

비가 오기 때문일 거야
내 남자의 향기를 안고 온
빗방울 때문일 거야

비의 탓이라고 우겨보며
어긋났던 시간을 후회하며
오지 않을 당신을 기다려 봅니다

매화꽃 아이 외 2편

사나운 겨울이
올해도 어김없이
가냘픈 봄에게
못이기는 척 슬며시
자리를 양보할 모양이다

슴벅슴벅 젖어가는
나의 마음에도
간지러운 봄빛이 스며들도록
빗장을 열어두었다

어제는 종일 봄비가 내렸다

오늘은 창 너머
봄빛 닮은 화사한 매화꽃이
피어오르고 있었다

꼼지락거리는 모습이
꼭 첫 아이 태어나 젖꼭지를 찾던
모습이다

하 고놈이 예뻐서

꽃잎 손바닥 가득 따다가
큰애가 선물한 찻잔에 띄워놓고
차향 음미하니
입 안 가득 고이는 그리움

찻잔 속에서
환하게 웃고 있는 딸아이는
섬진강 매화꽃을 닮았다

열무김치

헉헉 숨 막히는 도로 위
열무 한단 팔월 땡볕에
꾸벅꾸벅 졸고 있어

천 원짜리 지폐 네 장에 데려 와
시들은 겉잎은 떼어 버리고
파릇한 고운 놈만
팔팔 끓는 소금물에
앗 뜨거! 절여주고

홍고추, 마늘에다 맑은 젓국 준비하고
멀겋게 밀가루 풀 쑤어 식혀놓고
마당가에 탐스레 열린
제피 몇 송이 따서
믹서에 돌리니
소리도 신이나 춤을 춘다

맛은 얼매나
깔끔하고 시원한지
여름이 저만치 뒷걸음 쳐 물러서니
갖은 양념

곱게 화장한 인물이 불그레 곱기도 하다

더위에
입맛 돌아오게 한 일등 공신

우짤까나
고맙긴 한데
냉큼 붙는 요놈의 뱃살

칠불사 영지연못

지리산 범왕리 칠불사 영지연못에
가을이 오면

여름 동안 모여든 사연
공손히 깨우는 물결 위
잠자리 날개처럼 내려앉는다

천년을 묵묵히 지켜온 해맑은 연못 속엔
김수로왕 일곱 왕자 치성 드려 성불하고
자식들을 위한 내 어머니의 정성도 녹아 있고

아랫동네 초등학교 소풍 길에
재잘거리는 아이들 웃음소리도 첨벙거리고
하늘을 헤엄치는 비단잉어도 선명하게 빛을 발한다

서럽도록 아름다운 고요

달 밝은 지리산 범왕리 칠불사 영지연못은
천년의 염원 담아 삼백예순날
댕그랑 맑은 풍경소리로
경을 읽는다

시

임명철

사강의 노을 외 2편

나에게 가을은 노을이다

붉은 감잎 너머 노을 떨어질 때
받은 엽서 한 장
사강 사설우체국
소인이 찍혀있다

우연히 찾은
갯마을에서 맛본
첫 키스와 같던 생굴의 달콤함
엽서에 묻어있다

프랑수와즈 사강과
이름이 같아서였을까
그 소읍의 모든 것이 좋았다

바다로 연결된
방죽 끝까지 걸어 오가기를 수차례
운명처럼 한 여인을 만났으면 했다
사강을 닮은 여인을 만났으면 했다

그러나 그런 일은 일어나지 않았다

다만 방죽 끝에서 노을 한 장 떨어지며
말갛게 나를 쳐다보았다

붉은 엽서였다
붉은 고백이었다

바다와 섬 너머로
찬란히 떨어져 내리던 사강의 엽서
해마다 다시 그 엽서를 받는 것이다

가을을 닮은 사강의 노을 한 장

*사강_ 경기도 화성군 사강리에 있는 작은 어촌.

돌배의 명예퇴직

길을 걷다,
바닥으로 추락한
돌배 하나 보았다

으깨어진 과육 사이로 쏟아지는
돌배의 눈물

차마 눈물조차 흘릴 수 없었던
한 시절이
떠올라

가슴에 품어 안고
괜찮다 괜찮다!
피눈물을 닦아 주었다

가을이 오기도 전

떨어진 돌배 하나

펄펄 끓는 슬픔을 삭이며
길에서 울고 있다

가을 아날로그

전보 한 통 보내고 싶은 사람
묵은지 같은 폭 삭힌 냄새로 다가오는
아날로그 한 통
불쑥 전하고 싶은 한 사람 있다면 그는
후회 없을 사람이다

가을 낙엽 넣은 편지봉투에 손 편지를 적어
밤새 우편마차 타고 도착할 곳이 있다면
그 소식에 살아가는 이유 생기는
한 사람 있다면 그는
행복한 사람이다

담박질 하던 생쥐 소리조차 그리운 디지털 시대의 가을밤
뒤 개울에 등잔 씻던 한 사람이 보고 싶다면
그는 쓸쓸한 것이다
한 사람을 닮은 빨간 사과 한 입 물고
논두렁길 거닐던 달빛추억에 눈시울이 붉어진다면
그는 이미 그리운 것이다

사람이 사람을 그리워하는
계절이 오면

가던 길 멈추고

오래토록
강물을 바라봐도 좋은 것이다

뫼오름 해물뚝배기 외 2편

제주도에 가면 해물뚝배기가 있다
뫼오름 식당 해물뚝배기
맛이 기막히다!
시원하고 담백하고
해장으로는 그만이다

식당 주인은 경상도 안동사람
식당 종업원은 전라도 구례사람
손님은 제주도 토박이

'시원한교?'
'아따! 어제 겁나게들 빨어브렀구만이라!'
'잘도 맛 좋수다!
'속이 확 풀렴수다'
경상도 말과 전라도 말과 제주도 말이
번역기 없이도 잘도 오고간다

머지않아
중국 땅이 될지도 모른다
녹두장군이 울고 간다
이재수가 울고 간다

경상도, 전라도, 제주도 …
어딘들 어떠하리
내 나라! 대한민국이면 족한 것을

대한민국 제주도에
뫼오름 해물뚝배기만한
제주도가 이젠 없다

손톱

딱! 딱딱!
손톱을 깎는다

시계초침 소리가 지켜보고 있다

머리끝이 선다
똑딱 소리에 맞춰
깎으려 애를 써도
손끝으로 긴장은
파르르 떨며온다

서걱!
새끼손가락 손톱
녹각鹿角 썰리듯 잘려나갔다
찡한 울림으로 파고드는 찌릿함
선분홍 핏물

한 순간 흔들림이다
첫 눈이 오기 전, 봉숭아꽃물 지워지듯
내 삶의 동반자가
잘려 나갔다

지루한 하루가 화르르 무너졌다

갈우 渴雨

목이 마른 것이 어디 대지뿐이랴
내 몸 속의 피도 이미 수분이 고갈되었다
마셔도마셔도 해결되지 않는

너와 내가 그랬다
채워도채워도 채워지지 않고
그립고그립고 그리워서

너는 나에게
나는 너에게
촉촉이 젖어들길 원했건만
우린,
평생 이 목마름으로 살아갈지 모른다

낮과 밤도 없이 서로를 그리워하며
목련이 피길 기다릴지 모른다

비가 쏟아질 것 같더니 하늘만 푸르다

젠장!
끝까지 숨통을 조인다

隨筆

손주의 옹알이

며칠 전 동사무소에서 주민등록등본을 뗀 일이 있었다. 거기에는 우리 부부와 우리 두 딸 다음에 사위 이름은 없고 외손주 민조엘이라고 적혀 있었다.

큰 딸과 사위는 결혼 후 미국에서 정치학 박사과정 중에 있는데 조엘이는 우리 딸이 유학 중에 낳은 첫 딸이다.

조엘이라는 이름은 제 엄마가 지었는데 엄마이름이 구약 성경에 나오는 엘림Ellim이라서 조그만 엘림이라는 뜻이란다.

그러나 조엘은 성경에 하나님의 기쁨이란 뜻을 가진 요엘JoElle 선지자의 이름이다. 미국 시민권에 적힌 손주의 영문이름은 조엘 강 민JOELLE GAHNG MIN이다.

손주 조엘이는 이제 생후 6개월이다. 건강하던 내 아내는 손주가 태어나기 1년 6개월 전에 청천벽력 같은 폐암 4기 판정을 받았다.

전이轉移가 되어서 수술도 불가능하고 생명연장, 증상완화가 최선이라는 의사 선생님의 말씀에 내 아내는 그만 병원바닥에 힘없이 풀썩 주저앉고 말았다.

그렇게 기대하고 사랑하던 큰딸이 해산하는데도 산바라지는 커녕 가보지도 못한 채 딸은 제 남편과 그곳에 있는 교회성도들의 도움으로 건강한 딸을 쉽게 해산했다.

예정일이 이틀이 지날 때쯤 진통이 있어 병원에 갔을 때가 여기 날짜로 2015년 3월 1일이었다. 내가 예배 인도를 마치고 내 집무실로 막 올라오는데 내 아내가 다급한 목소리로 "여보! 사위에게 전화가 왔는데 엘림이가 순산했데요."

"그래요? 산모는? 아이는 어떻데?" "모두 다 건강하고 정상이래요."

금이야 옥이야 하던 딸이 이국땅 먼 곳에서 엄마 없이 저 혼자 해산하느라 얼마나 초조하고 불안했을까 생각하니 가슴이 메어지는 것 같았다.

아내의 얼굴에는 순산의 기쁨인가 아니면 딸에 대한 미안함 때문인가 여윈 눈꺼풀에 눈물이 가득하더니 누가 볼세라 흐르기도 전에 금세 증발해버렸다.

손주 조엘이가 할아버지에게 유아세례를 받기 위해 사위와 딸은 생후 2개월 된 신생아를 데리고 서울에 왔다. 새벽 5시 인천공항에서 나는 32년 만에 가족의 일원이 된 새 얼굴을 맞이하기 위해 기다림의 소중함을 맛보는 순간이었다.

드디어 아이들이 유모차를 밀고 나왔다. 누가 나를 밀치기라도 하듯 나는 달려가 유모차를 받았다. 내 눈이 바구니 안에 있는 생후 2개월이 채 안 된 아이를 보는 순간 나는 나의 생에 대한 보람과 함께 무한한 책임 같은 것을 느꼈다.

6월 7일 손주에게 유아세례를 베풀었다. 세례 받는 조엘이는 여느 아이들처럼 울지 않고 끝까지 나를 주시해 보고 있었다.

둘째 딸 혜빈이가 국제포럼 참석차 에티오피아에 갔는데 언니는 동생이 돌아오는 날에 맞춰서 6월 15일 조엘이 백일잔치를 한다고 했다. 그런데 백일잔치 치고는 좀 특별한데가 있었다.

지금은 발달된 의학 덕분에 옛날과 달리 신생아 생존율이 높아서 백일잔치를 하는 일은 극히 드물지만 나는 내심 짐작되는 것이 있어서 그냥 지켜보기로 했다.

백일잔치 행사 장소에 출장사진사까지 불러놓고 엄마가 된 엘림이는 조엘이와 함께 제 엄마도 특별히 좋은 옷을 입게 했다. 그리고 쫓기듯이 시댁에 어른들이 오기 전에 땀을 뻘뻘 흘리면서 세 사람은 연신 사진을 찍고 있었다.

나는 행사장에 조금 늦게 도착했는데 엘림이가 나에게 다가와 울먹이며 말했다. "아빠! 아빠는 알지? 내가 왜 이렇게 하는지?" "그래! 알고 있다." "엄마가 조엘이 돌때까지 살아준다는 보장이 없어서 그래……" 하면서 새내기 엄마는 흐느끼며 흐르는 눈물을 애써 다스리고 있었다.

나는 사랑하는 딸을 꼭 껴안으며 "엘림아, 미안하다. 엄마를 잘 보살펴 주지 못해서…… 내가 먼저 가야 하는데……" "비켜봐 아빠. 엄마하고 사진 더 찍을 거야." "오냐. 그래 많이 찍어라."

엘림이는 조엘이와 함께 몇 달 더 있다가 가기로 했지만 갑자기 중동호흡기 증후군 메르스가 창궐하는 바람에 백일잔치 다음날 바로 미국으로 출국했다.

딸은 미국에 도착해서부터 지금까지 하루도 빠짐없이 조엘이의 성장하는 모습을 담은 사진 몇 장씩과 동영상을 카카오톡으로 보내온다. 우리 가족은 사진이 올 때마다 카카오톡에 전달기능을 활용해서 온 식구가 동시에 보게 된다.

아내는 항암과 임상을 거듭하면서 고통을 견디느라 웃음을 잃어버린지 오래다. 아내는 둘째가 퇴근해서 집에 도착하기도 전에 성경책을 펴놓고 잠을 잔다기 보다는 쓰러져 있다는 표현이 더 적합할 것 같다.

나는 일주일에 한 번씩 아내를 병원에 데려가는 일과 매일 한 번씩 외식을 하기 위해 아내가 먹고 싶은 음식점을 찾는 것이 겸손한 나의 일과가 되었다.

그때마다 나는 반드시 음식상을 찍어서 딸에게 보낸다. 딸은 그 사진을 보고 문자로 "아빠 고마워요! 그리고 미안해요. 엄마 많이 드세요. 천천히…… 그리고 제가 인터넷을 통해 배달시킨 반찬도 꼭 챙겨 드세요. 몸에 좋은 거니까…….”

요즘은 조엘이가 무척 컸다. 벌써 아랫니 두 개가 하얗게 보이고 뒤집기를 하더니 배밀이도 하고 기어 다니려고까지 한다.

얼마 전 아이들이 바닷가에 나가서 동영상 하나를 보내왔다. 제 엄마가 “조엘아, 저기 바다를 건너면 할머니가 계시는데 거기 갈까?” 하니까 조엘이가 제 엄마의 말에 맞춰서 “애-”라고 뜻 모를 옹알이를 하는 동영상이다.

내 아내는 그 동영상을 보고 활짝 웃었다. 얼마 만에 보는 웃는 모습인가.

카톡♬, 카톡♬, 카톡♬ 오늘도 어김없이 동영상이 떴다.

제 엄마가 조엘이에게 “조엘아, 할머니 안녕히 주무셨어요? 인사해 봐.” 하면 제 엄마의 말에 용케도 맞춰서 “애-”라고 옹알이를 한다.

내 아내는 손주 조엘이의 옹알이를 신기하게도 손주의 안부로 받고 대소大笑하면서 “조엘이가 할머니한테 인사를 하네…….” 하고는 그 동영상을 반복해서 보곤 한다.

이제 겨우 환갑을 지낸 아내가 매일매일 손주의 옹알이를 듣고 저렇게 깔깔대고 웃을 수만 있다면…….

나는 아무래도 좋겠다.

부모는 자식의 효를 기다리지 않는다
— 친부대(親不待)

수욕정이풍부지 樹欲靜而風不止
자욕양이친부대 子欲養而親不待

나무는 고요히 있고자 하나 바람이 그치지 아니하고
부모님은 자식의 효를 기다려 주지 않는다.

옛글에 이런 이야기가 있다. 논어論語와 한시외전韓詩外傳에 나오는 말이다. 이천오백여 년 전 일이다.

공자가 제자들과 함께 노나라에서 제나라로 갈 때 이야기다. 길 가에 앉아서 어떤 사람이 슬피 울고 있었다. 공자는 발을 멈추고 제자들에게 그 연유를 묻게 하였다.

울고 있는 그 사람은 구오자라고 하는 청년이라고 하였다.

젊어서 오랫동안 먼 타관 객지로 스승을 찾아다니면서 공부를 하였다.

어느 날 집에 와 보니 부모님께서 돌아가셨다는 것이다. 그래서 슬피 운다고 하였다. 그러면서 또 슬피 울었다. 왜 그치지 않고 또 우느냐고 물었다. 지금 나라를 다스리는 임금님이 교만하고 신하들을 잘못 두고 백성들의 뜻을 모르고 있으니 그것이 슬퍼서 운다고 하였다. 이제 우는 까닭을 다 말하였느냐고 물으니 또 있다고 하였다. 그것이 무어냐고 물으니, 친한 친구로부터 배신을 당하였으니 어찌 울지 않을 수 있느냐고 한다. 그러면서 구오자는 말을 이어 갔다.

수욕정이풍부지 樹欲靜而風不止
자욕양이친부대 子欲養而親不待

공자 일행이 떠난 뒤에도 그 울음소리는 그치지 않았다.

공자는 제자들에게 좋은 교훈이라고 하면서 이를 풍수지탄風樹之嘆이라고 하였다.

아득한 옛날, 이천오백여 년 전의 이야기가 오늘 날에도 무관하지 않으니 이를 어쩌면 좋단 말인가. 고학력자의 실업자들, 그들의 미래는 구만리장천인데 갈 곳이 어디란 말인가. 꽃다운 나이에 그들이 살아야 할 생활 터전이 없으니 이보다 더한 비극이 어디 있단 말인가. 결혼을 하고 자식을 낳고 행복한 가정을 이루며 무지개 같은 꿈을 마음껏 펼쳐야 하는데 이 사회가 왜 이렇게 되었는지 모를 일이다. 꿈이 있으니까 젊은이이고 젊으니까 꿈이 있는데 무참하게도 실의와 좌절과 체념 속에 빠져 있으니 그 참담함은 말을 할 수가 없다. 그들의 미래가 우리의 미래인데 말이다. 또 오십 대가 되면 직장에서 물러나야 하니 젊은이들의 경제생활은 단명하기 이를 데 없다. 그러니 무슨 원대한 꿈을 가질 수 있겠는가.

나이 삼십이면 입立이라 하여 젊은이들이 독립된 생활을 하여야 하고 또 야무유현 만방함녕野無遺賢 萬邦咸寧이라 거리나 들판에 놀고 있는 인재들이 없어야 나라가 편안하다는 말인데 우리의 현실이 이러하니 걱정이 아닐 수 없다. 젊은이의 미래가 나라의 미래다. 부모나 자식의 허탈감은 이루 말할 수가 없다. 가난한 집에 연로年老한 부모가 있는 젊은이는 관직을 가리지 않는다고 한다. 이 말은 부모 모시는 일이 우선한다는 말이다. 그런데도 일자리 없는 젊은이니 안타까운 일이 아닐 수 없다.

구오자의 옛날 울음을 오늘 젊은이들이 따라 울고 있는 것이다. 몇 천 년이 지난 우리도 같은 슬픔을 겪어야 하니 이런 슬픔은 인간사에 떠나지 않는 모양이다.

또 임금에 대한 한탄이 그를 슬프게 하였다. 정치는 정正이고 의義이니 백성들을 덕으로 다스리면 잘 따른다고 하였다. 백성이 하늘이고 정치의 목적은 백성이다. 아득한 옛날 어느 임금이 이 촌부의 마음을 슬프게 하였단 말인가. 어찌하여 교만하고 인재를 잘못 등용하고 백성들의 뜻을 알지 못하였단 말인가. 옛날이나 오늘날이나 정치는 혼란스럽기만 하다. 기산영수에서 소부와 허유의 정치관은 아니더라도 정치는 언제나 의롭게 역사를 두려워할 줄 알아야 하는데 지금은 그렇지가 못하다. 현대사 하나 정립도 못하고 나라의 정체성도 흔들리고 있다. 나라는 없고 표만 의식하고 있다. 곳간도 채울 것이 있어야 이웃에 나누어 줄 수 있는데 펑펑 퍼주는 것으로 인기를 얻으려 하니 그 집안 그 나라는 어떻게 될 것인가. 옛날부터 세금은 호랑이 보다 무서운 것이라 하였다. 인사는 만사인데 인재를 찾아내지 못하고 멀리 보지 못하니 한심하기 이를 데 없다.

옛날 주공周公은 인재 찾는 마음이 간절했다. 한 번 목욕할 때 세 번 머리를 거머쥐고 바삐 인재를 만났다는 일목삼악발一沐三握髮과 한 번 식사할 때 세 번 음식을 뱉으면서 인재를 만났다는 일반삼토포一飯三吐哺로 찾아오는 천하의 현인들을 놓치지 않았다고 한다. 인재 등용의 고사이다. 주공이 나라의 기반을 닦을 수 있었던 비결은 인재 등용에 있었다. 주공은 공자孔子가 "내가 오래도록 꿈에서 주공을 보지 못하다니吾不復夢見周公"라면서 흠모했던 성인이다. 이 '토포악발吐哺握髮'의 전통은 삼국지 조조(曹操 · 155~220)로 이어진다.

–주공처럼 인재를 얻기 위해 먹던 음식을 뱉는다면 천하가 나를 복종하고 따르리라(주공토포周公吐哺 천하귀심天下歸心).

깊이 읽어보아야 할 대목이다.물러날 때와 나아갈 때를 분별 못하고 변명만 하는 꼴불견의 지도층이 많으니 이를 어쩌면 좋단 말인가. 국민들은 정치에 염증을 느끼고 나라의 미래를 걱정하고 있으니 어찌 오랜 날의 구오자란 청년처럼 지금도 소리쳐 울지 않을 수 있겠는가.

또 친구와의 우정도 그렇다. 친구는 의리가 생명이다. 신의가 없으면 친구가 될 수 없다. 이 세상에 사람들은 많으나 친구는 단 한 사람이면 부자라는 말이 있다. 그 한 사람이 없다는 것이다. 그래서 고사에도 금난지교니 관포지교니 하는 말이 생겨났다. 천년만년 우정과 신의를 변치 말자고 굳게 맹세했건만 그런 친구로부터 당하는 배신은 얼마나 충격이 클 것인가. 더구나 조직에 대한 배신 또한 용서받지 못할 일이다. 양심에 괴로움이 있었다면 그 당시 충고와 고백을 하든지 관철이 안 되면 물러나야 할 일이다. 동고동락하다가 어느 날 갑자기 배신하는 것은 신의信義 없는 소인배나 할 짓이다. 사나이라면, 의리가 있는 사람이라면 옳고 그름을 떠나서 끝내 가슴에 묻고 가야 할 일은 무덤까지 가지고 가는 신의가 있어야 할 것이다. 배신은 분명 하늘이 무너지는 일이 아닐 수 없다. 사랑하는 연인과의 헤어짐도 슬픈 일이지만 친구로부터 배신은 말로 표현할 수가 없다. 눈앞의 짧은 이익과 권력 때문에 우정과 신의를 저버렸다면 그는 끝내 저주받을 비참한 최후를 맞게 될 것이다. 신의는 친구간이나 조직 사회에서 가장 중요한 것이다. 목숨을 내놓고 신의를 지켜야 하는 것은 어찌 옛날만의 일이겠는가. 그런데 오늘 우리 현실은 어떠한가. 언제 바뀔지 모르는 적과 동지와의 동거일 뿐이다. 여자는 사랑을 위하여 화장을 하고 사나이는 자신을 알아주는 사람이 있다면 목숨을 내놓는다고 한다. 그런 의리와 우정이 있어야 하고 그런 사회가 되어야 할 것이다.

그 옛날 목 놓아 울었던 그 촌부가 오늘 이 세상에 살고 있었다면 21세기의 발전된 사회라고 더덩실 춤을 추고 있었을까, 아니면 가슴을 치며 또 목 놓아 울고 있었을까.

이 세상에는 그런 촌부가 있기나 한 것인지 모를 일이다.

내 외로운 열정의 거울

내가 원숙한 인생의 문학이라는 수필을 배우고 쓰기 시작한 지 6~7년 쯤 되어간다. 그동안 수필가라는 나에게는 다소 버거운 이름이기에 항상, 자신에게도 미안하고 수필가라는 명함을 내밀지도 않았지만 내밀기도 여간 쑥스럽기 그지없다. 물론 그렇게 된 것은 어떤 이유에도 불구하고 나의 게으른 탓으로 돌리고 싶다. 나에게 세상 살기란 이렇듯 언제나 바쁜 일상의 반복이다. 이런 일상 속에서도 어렵고 힘들 때 항상 내 외로운 열정의 거울이 되어준 불광천의 매력을 이야기하고자 한다.

지금 내가 음식을 만드는 조그만 순댓국밥집을 운영하기 전만해도 가끔은 가까이 있는 불광천을 거닐며 아늑한 내 삶의 무지개를 찾고자 했었다. 어쩌면 지금의 나와는 아무런 삶의 연결 고리도 없지만 그곳에 흐르는 물 따라 걷다보면 어느 새 한강에 이르기에 그 하늘 아래 숨 쉬었던 맑은 눈물 같은 인연을 찾을 수 있을 것 같았기에 자주 찾곤 하였다. 그리고 그곳을 걸으며 노을에 젖은 사람들의 향기와 뒤돌아보면 거대한 고향의 향수로 떠오르는 북한산의 인자함에 더욱 녹아내리는 나의 삶의 무게를 자그마한 불광천 물길에 애태우던 사연을 한강의 나루터로 떠내려 보내고 싶었는지도 모른다.

그 불광천의 아름다움을 이야기 해보자. 불광천佛光川은 응암동 감자국거리에서 몇 분 걸리지 않는 곳이기도 하다. 서울의

북서부에 위치하고 있으며 은평과 서대문구, 그리고 마포를 걸쳐 흐르는 한강의 제일 지류였다. 그러나 하천의 재정비로 인해 마포구청 근체에서 홍제천과 합류 후 이제는 제 이 지류가 되어 한강의 성산대교 방향으로 흘러들어간다. 사실 과거에 내가 걷던 불광천은 쓰레기와 악취로 가득했지만, 십여 년 전에 오폐수방지시설을 설치하고 지하수를 끌어올려 물이 흐르게 함으로써 자연하천으로 탈바꿈하여 현재처럼 멋진 자연하천이 되었다 한다. 은평구 자료에 의하면 불광천의 발원지는 삼각산 비봉에서 발원하여 서울 은평구 불광동을 기점으로 현재 불광천의 길이는 9.21km에 이르는 그런대로 긴 한강의 지류임에는 틀림이 없다.

현재의 자연천을 걷다보면 나의 지나온 긍정적인 인생관에 대하여 매우 진지하고도 철학적으로 고심을 하게 된다. 이웃과 사회라는 공간에서 사람을 맞고 응대하는 일에 이골이 난 필자로써는 어느 누구라도 우리 사회가 정서가 메마르고 각박해지는 것보다는 가진 자가 없는 자에게 베풀며 다양한 문화와 개성이 존재하는 따뜻한 사람이 더 많이 살아가는 인간 사회를 형성하기를 간절히 고민해 보는 것이다.

마치 생태하천 복원을 통해 자연환경 보전과 친수환경 조성을 하는 것처럼 인간이 살아 갈 수 있는 품속처럼 우리의 환경도 세월 따라 변해야 한다는 것을 나는 불광천을 걸으며 되새기곤 한다. 요즘 따라 날씨가 맑은 탓인지 물억새가 잔뜩 가을 햇빛을 머금고 구리 빛으로 변해가는 것을 보면서 또 한 해가 가고 있음이 저녁 공기를 타고 더 없이 청량하다.

다시 말을 바꾸어 불광천이라는 유래를 알아보자. 지하철 3호선 근처를 연신내라 하는데 인근 연신내에서 북한산 등산로를 가다 보면 조그마한 절이 하나 있다. 그 이름이 불광사佛光寺다. 불광천의 유래가 이 절에서 이름을 따왔다 한다. 또 다른 이름으로는 연서내, 연신내, 까치내

등이 있으며, 한자로 연서천延曙川이라고도 하였다 하여 주변에는 연서 중학교가 있다. 물론 이곳의 계곡을 흐르는 물이 불광천의 발원지인 삼각산 비봉에서 내려오는 물길이다. 연신내 쪽 개천은 모두 복개하여 도로로 사용하고 있으며 응암역 근처에 와서 그 모습을 밖으로 드러낸다.

사람들이 즐길 수 있는 도심 자연하천의 휴식공간으로 변모하여 지금은 봄에는 울창한 벚꽃 길이 형성되어 낭만의 봄밤을 즐길 수 있다. 또한 지천에 자전거도로가 설치되어 이를 이용하여 행주산성은 물론 멀리 미사리까지도 자전거를 이용하여 건강과 행복을 함께 만끽 할 수 있는 곳이 바로 불광천이다. 또한 이곳에는 여러 가지 자연 생태 환경을 조성하여 마치 시골 고향의 하천을 걷는 착각을 할 정도 이다. 물억새와 물오리, 들꽃과 목화 등 멋진 풍경이 힘든 나의 일상을 위로해 주는 곳이다. 또한 이곳은 사람의 향기가 묻어나는 곳이기도 하다. 신응교 다리 밑에는 합판으로 바람막이를 만든 판자로 된 간이 공간이 있는데, 지역 주변 어르신들이 모여 바둑과 장기를 즐기는 사랑방이 마련되어 있기도 한데 이곳에서는 과거 그리움을 묻어둔 향수의 인연을 찾는 곳이기도 하다.

한참을 응암 쪽으로 걷다보면 해담는 다리가 있다. 이 다리는 밤에는 백오십여 개의 조명이 교각에 불을 밝히는데 이는 불광천에서 가장 볼만한 야경중 하나로 손꼽히며 출사객들의 야경 촬영장소로 인기가 많다. 특히 북한산 조망은 다리를 유명하게 하는 이유다. 해담는다리에 가면 북한산 11개 봉우리가 한눈에 들어온다. 도심에서 북한산의 자태를 눈으로 확인할 수 있는 몇 안 되는 위치라 서울시 우수 조망 장소로 선정되어 있다. 날씨가 좋으면 11개 봉우리가 선명하게 보이며 대남문의 흔적까지 볼 수 있다.

또한 무지개다리는 2009년에 준공된 다리로서 응암동과 신사동을 연결하여 개천의 돌다리를 건너는 불편함을 덜어 주는 역할과 함께 주민들의 이동을 수월하게 하고 있다. 한편 불광천 옆에는 아트컨테이너로 제작된 작은 도서관이 개관되어 주변 학생과 청소년은 물론 이곳을 찾는 주민들의 독서 휴식처로 각광을 받는 곳이다. 이 밖에도 수변 공연 무대를 만들어 그곳에서는 크고 작은 예술행사들이 열리고 있어 은평구의 명소로 자리 잡고 있다. 이곳에는 레이저불빛을 자랑하며 음악에 맞춰 물을 뿜어내는 춤추는 노래분수가 있는데 국내 최초로 칼라레이저를 적용한 것이 특징이다. 길이가 무려 50m에 물을 뿜어 대는 노즐이 267개인데 여기서 뿜는 물줄기가 음악에 맞춰 춤추는 환상적인 분위기기를 연출하는 모습은 정말 장관이다. 여름철에는 많은 주민들이 찾아 더위를 시키기도 한다.

불광천 초입에는 벽천분수가 있는데 바위 위로 내리는 물줄기가 물레방아를 돌리는 풍경은 신비하고 동화적인 즐거움을 더해주며, 이에 걸맞게 맞은편에는 포수마을 이라는 아주 작은 만화 도서관이 있어 어린이들에게 만화를 통해 꿈과 희망을 심어주고 있다.

이런 저런 생각으로 걷다보니 세상이란 이렇듯이 서로에게 영향을 주고받으며 살아가게 되어 있다는 깨달음 앞에 전국의 도시와 자매결연 맺은 만남의 장소가 눈에 띤다.

이곳에는 자매도시인 전남 진도, 경북 영양, 경남 함양, 경기 가평, 강원 영월, 전북 진안, 충북 단양, 충남 서천 등 국내 8개 도시와 호주 캔터베리 시, 미국 라하브라 시 등 해외 2곳을 합해 모두 10곳의 자매도시 비석이 세워져 있다. 이것이 필자가 앞에서 언급했던 사회라는 공간에서의 공동체 의식과 소통이 아닌가라는 생각이 내 머리 속을 떠나지 않았다.

오늘도 바쁜 시간을 쪼개어 불광천을 거닐며 자신에 대한 새로운 느낌을 안고 돌아간다. 그것은 내 인생에서 글쓰기가 얼마나 큰 위안이 되고 감정을 형상화 할 수 있다는 사실에 감사할 뿐이다. 세월은 흐르기 마련이고 사람도 세월 따라 변하는 이치에서 보면 생태환경의 보존과 그러한 변화를 수용하는 사람의 자세나 마음가짐 또한 중요한 일이 아닐까 깊게 생각해보는 산책길이었다.

행복한 기억

가을바람이 소슬하게 불면 이 생각 저 생각 그리움이 깊어진다.

가을은 남자의 계절이라고 하지만 감정 면에선 오히려 여성의 계절이 아닐까.

"왜 자꾸 차를 흔들어 대는 거야! 운전 똑바로 못해! 이 XX야!"

아스팔트지만 울퉁불퉁한 샛길로 마을버스가 가는데 갑자기 호통 치는 큰 소리가 난다. 돌아보니 뒤쪽에 40대 초반(?)의 체격도 좋고 샛노란 코트를 입은 시원해 보이는 여인이다.

"운전을 잘못한 게 아니고 길이 좀 좋지 않아 그럽니다."

어이없어진 공손한 운전기사의 설명에도 승객은 별로 없는데 계속 소리치는 그 주인공을 확인한 몇 남성이 저지하려 하자 남자인데도

"너 대신 한 대 맞아볼래 이 X년아"

하며 더 거칠어진 기세에 승객들은 서로 만류하며 더 이상 대꾸 않기로 한다. 종점이 얼마 남지 않았지만 승객이 내린 후 계속 당할 기사가 안쓰럽다. '겉모습은 멀쩡한데 쯔쯔' 승객들은 목적지에 내리면서 서로 마주보며 말은 못하고 웃음으로 걱정을 대신한다.

무엇이 잘못 된 건가? 어떤 사연이 있었을까?

사람의 심리가 요상해서 나 역시 결과가 궁금하고 찜찜한 채 내린다.

조금 젊은 시절엔 어른들이 나이, 나이, 나이 탓을 해서 그

런 모습이 좋지 않아 보였다. 나이 들어보니 내가 왜 이러나, 공연히 주위의 빈축을 살까 행동거지가 조심스럽다. 그렇게 생각되면 그래도 잘 사는 듯하다. 안하무인으로 나 하나만을 생각 하는 게 문제일 것 같다.

요양원이나 양로원에 계신 치매 어른 중엔 가족을 못 알아보는 분이 많다고 한다. 그런데도 특히 일정시대 교육 받으신 분은 일어를, 찬송을 좋아하시던 분은 찬송을 잃어버리지 않는단다. 지금은 흔치 않은데 길에서도 주위에서도 말을 많이 하는 사람, 무엇이 못 마땅한지 중얼중얼 계속 주위의 사람들을 쫓아다니며 야단치는 사람도 많이 보았다.

정말 '세 살 적 버릇 여든까지 간다' 는 말이 맞나보다. 차 행선지가 요양원 근처를 가는데 그녀도 환자인가, 그녀는 무슨 사연이 있기에 분별을 잃은 것일까? 차는 흔들리고 있었다. 그걸 알고 있었고 차도 탄걸 보면 옷차림도 눈에 띄게 화사한 걸 보면 외부로는 아무도 눈치 채지 못한다.

여행길에 우연히 만난 어떤 친구도 한참 대화하며 며칠을 동행해 친해졌는데 나중에 부모가 찾아와 정신병원에 가도록 설득해 달라고 부탁해 기가 막혔다. 봄과 가을이 그들에게 더 심한 증세가 나타난다고 하니 계절의 변화도 삶의 주기를 좌우할 수 있나보다.

어릴 땐 빨리 컸으면 하고 멋진 언니 오빠를 보면 부러워했고 젊을 땐 나이 안 먹을 줄 알았다. 총명하던 어른들이 매일 듣는 라디오 드라마, 텔레비전 프로 시간을 기억 못하고 가수 연예인들 기억 못 하는 게 정말 이상했다. 그렇지만 가족들의 지난 이야기나 자식들의 어린 시절과 성장기는 모두 기억한다. 90세 노모가 70세 된 아들 보고 차조심해라. 밥 잘 먹고 다녀라 입버릇처럼 하는 온통 자식걱정 뿐이었다. 이제 시대는 조금 바뀌어 졌고 환경도 달라졌지만 그런 모습은 그대로 남아 있을 수 있다. 건강도 좋지 않고 홀로 계신 어느 분에게 답답하면 글을 쓰거나 성경 찬송을 가까이 하시라고 했었다. 연세가 높으시니 눈도 귀도 손도

친구가 되지 못했다. 대화할 사람도 없다. 그동안 조용히 글로 남기며 행복한 기억을 하시더니 '사람이 얼마나 아프면 죽기까지 할까, 했더니 이렇게 죽어가는 거구나' 하신다.

사계절이 있어 변화가 서서히 오지만 점점 갑자기 변하는 기온 변화처럼 사람의 환경도 급변해 보인다. 그 속에도 봄, 가을은 사람의 마음까지도 흔들 수 있어 어쩌면 작은 암들이 잠재하고 있듯 신경의 변화도 잠복하고 있을 것이다. 활동하기 좋은 기온으로 서서히 찾아오는 것처럼 행복한 기억이 있었다면 그 모든 구속에서 벗어날 수도 있지 않을까.

모든 것은 순식간에 지나가고 지나간 것은 다시 그리움이 되듯 행복한 기억도 영원한 그리움이 되는 것인가.

수필 | 박청자

봄꽃들에 향연

유난히 긴 겨울을 보낸 것 같다.

지난해 움츠리던 겨울은 주위에 친지 지인 등 연세들은 분들이 세인과 이별을 하고 많이 떠나서 추억들을 떨쳐 버리지 못하여 더 추웠던 것 인가보다.

요즈음 어느새 날씨가 따뜻하기에 밖에 나가 서성거리는데 나무들이 움트는 소리가 들리는 듯 했다.

봄에 피는 꽃들은 잎이 나오기 전에 꽃을 먼저 피운다,

벌써 '봄꽃들에 향연饗筵' 으로 나를 불러 세운다. 우리 집 넓은 뜰에서만 만끽 할 수 있는 아름다운 꽃 잔치! 벌과 나비들도 윙윙거리며 꽃잔치 상에 올라앉아 꿀 빼느라 정신이 없다.

지나가던 행인들이 발걸음을 멈추고 정원 뜰에 많이 피어있는 꽃들을 들여다보며 구경을 한다.

대문 지킴이로 우람하게 서 있는 40여 년이 넘은 대추나무도 파랗게 싹이 나와 생기가 넘쳐 보이고 봄꽃들 중에 울타리 옆 노란 개나리, 하얀 매화, 빨간 산당화, 군락을 이룬 분홍색 진달래, 짙은 향내를 풍기는 하얀 라일락, 고목인 백목련꽃이 짙은 향을 풍기며 어린애 손바닥 만한 꽃잎을 뚝뚝 떨어트린다,

진한 향수를 뿌려 놓은 듯한 봄꽃 향기에 취해 시간 가는 줄도 모르고 감상하며 쳐다보고 서서 있다.

누구든지 꽃은 다 좋아하지 싫어하는 사람이 어디 있으랴!

이렇게 봄꽃들 감상에 매료된 나는 집안일들을 모두 미루고

밖에서 시간을 보내며 나무를 다듬고 잡초를 뽑고 있는데 이웃에 친구가 놀러 왔다.

봄꽃구경을 하고 안으로 들어와 자연에서 채취한 들국화차 한 잔을 나누며 향이 좋다고 하며 우리 같이 이곳 문화주택으로 이사 온 지 벌써 45년이나 되었다고 이야기를 하며 세월이 빠르다고 했다.

날씨가 좋다고 하며 우리 집 건너편 공원에 가서 놀이 기구도 타보고 걷기 운동도 하면서, 아침나절이라 사람들이 별로 없기에 의자에 앉아 옛이야기 꽃을 피웠다.

앞에는 금학천이 흐르는데 오리들이 놀면서 고기 잡느라 갈대숲이 흔들거리는 모습이다. 봄이라 그런지 지나가는 행인들 옷차림이 화사하고 가벼워 보이고 예쁘다. 행길 옆 가로수 나무 위에서는 새들이 재잘거리며 왔다 갔다 놀면서 애타게 구애하는 사랑 노래 부르느라 정신을 뺀다.

햇볕이 쨍쨍하여 선글라스도 쓰고 모자를 쓰고 있는데 바람이 차다.

산책을 하는 젊은 여성들이 애완용 강아지를 옷을 입히고 운동시키느라 걷게 한다. '개를 사랑하는 것처럼 저의 집 부모님들도 잘 섬기겠지?' 하는 생각을 하며 서서 쳐다보았다.

공원에 다투어 피고 지는 원추리 꽃도 예쁘고 하얀 돌단풍 꽃이 아름답고 바닥에는 빨간 꽃잔디가 양탄자를 깔아 놓은 듯 평화스러운 모습이다. 보도길 양쪽으로 벅수(공원이나 마을 어귀에 수호신으로 돌로 사람 모양으로 만들어 세워놓은 형상)들이 공원을 지키느라 15명씩 가족을 이루어 양쪽으로 앉아있다,

계절별로 나무와 꽃들을 잘 가꾸어 놓은 아름다운 공원이 우리 집 앞에 있어 좋다. 이렇게 아름다운 '봄꽃들에 향연'을 감상하며 봄을 보낼 생각을 하니 옛 여류시인 운초雲楚님의 전춘(餞春:봄을 보내며)시를 읊어본다.

芳郊前夜餞春回 (방교전야전춘회)
不耐深愁强杷杯 (불내심수강파배)
猶有榴花紅一樹 (유유류화홍일수)
時看蛺蝶度牆來 (시간협접도장래)

어젯밤 들 위에서 봄을 보내고
깊은 시름 풀길 없어 잔을 드노라
석류나무 한 가지에 붉은 꽃피어
벌 나비들 담을 넘어 찾아오누나

우리 집에서 누릴 수 있는 꽃들을 감상하며 나는 행복한 여인이라고 생각을 하고 있다. '자기를 행복하다고 하는 사람이 가장 행복하다'라고 한 아리스토텔레스의 말이 맞는 말 이라고 생각을 하며……

봄이 가면 내년에 다시 봄이 오듯이, 사람도 머나먼 곳으로 갔다가 다시 와서 행복을 누릴 수 있다면 얼마나 좋을까?

어머님 생각이 나서 공허한 마음을 달래본다.

책 읽기는 자아성숙의 지름길이다

'성공한 리더는 독서가이다All Leaders are Readers' 라는 책이 있다. 책 속에 길이 있다는 말도 있다. 책을 많이 읽는 사람은 그만큼 세상에 대한 다양한 경험과 많은 지식을 얻게 되고 인생을 살아가는 지혜도 터득하게 된다. 책의 내용과 양에 달렸겠지만 새로운 길을 개척하고 사회를 이끌어가는 지도자는 대부분 책을 많이 읽는 사람들이다.

우리가 살아가며 누리는 환경과 만나는 사람은 한정되어 있기 때문에 시시때때로 변화하는 모든 상황과 세상에 존재하는 모든 것을 직접 느끼고 체험할 수는 없다. 먼저 깨달은 사람들의 체험을 글을 통해서 간접경험을 하는 것이 독서의 필요성이고 중요성이라고 생각한다. 그러나 아무리 중요하고 필요성을 느끼더라도 책을 좋아하고 책을 읽는 습관이 길러지지 않으면 결코 많은 책을 읽을 수가 없다. 어떤 책을 얼마나 많이 읽느냐에 따라서 평생 동안 보듬어 보는 세상의 크기와 깊이가 천차만별일 것이다.

책을 읽는 습관은 아주 어릴 때부터 길러 주어야 한다는 것은 누구나 알고 있다. 태아교육의 중요성도 빼놓을 수 없다. 그래서 애살 많은 주부는 태교부터 철저하게 시작한다. 육아전서가 동원되고 문화센터에서 열리는 교육과 다양한 매체와 정보를 통해서 엄마로서의 준비를 한다. 태아에게 필요하고 좋다고 하는 것은 무엇이든지 다 해주고자 하는 자녀교육의 전사 최고의 엄마가 탄생한다. 첫아이를 잉태한 주부의 태아교육은 눈물겹다. 심한 입덧에 시달리면서도 육체적 정신적으로 건강한 아이를 출산하기 위해 풍부한 영양 섭취를 하고, 클래식 음악과 동화를 들려주고 아빠와의 친교를 위해 아빠의 목소리도 들려주며 혼신의 노력을 기울인다.

그러나 정작 아이가 태어나고 힘든 육아에 신경을 쓰다보면 정신적인 영양을 위한 것들은 자연히 소홀해지기 쉽다. 그동안 쌓아 왔던 육아지식은 머리에서 맴돌고 본능적인 모성애 발동으로 맹목적인 사랑을 퍼붓는 경향이 많다. 그리고 아이의 발달에 민감한 반응을 보인다. 발육이 조금 빠르면 아이가 천재인 것처럼 생각하고 조금 늦으면 불안해하고 초조해 한다. 어쩌면 그것은 당연한지도 모른다. 모든 엄마들은 고슴도치 사랑을 하고 있기 때문이다. 그렇게 자녀사랑에 몰입하다보면 자기 자녀를 바라보는 시각이 객관적이지 못하고 내 아이가 최고인 것 같은 콩깍지를 덮어 쓰게 된다. 그래서 귀한 자식 매 한 대 더 때린다는 속담이 생겼는지도 모른다.

독서의 습관을 길러주기 위해선 엄마는 독서 지도자가 되어야 한다. 아이들의 연령에 맞추어 어떤 책들을 어떤 방법으로 읽혀서 아이들이 이해하고 습득할 수 있게 할 것인지 알아야 한다. 독서도 유아식 이유식처럼 단계별로 해야 하고 편식하지 않고 다양하게 해야 한다. 기승전결이 뚜렷한 애니메이션과 상상력과 창의력을 길러주는 창작동화와 옳고 그름을 가르치는 전래동화도 들려주고 읽게 해야 한다. 어릴 때부터 과학 동화도 들려주어 자라서 자연과 쉽게 친해질 수 있고 생명을 사랑하고 존중하도록 해야 한다. 물론 산과 들, 바다로 데리고 나가 직접 보도 듣고 느끼게 한다면 더 바랄 것이 없다. 하지만 직접 체험을 하기 전 사전 지식이 있으면 아는 만큼 보이기 때문에 훨씬 더 큰 체험을 얻을 수 있다.

대부분의 엄마들은 아이가 어릴 때는 그나마 익힌 대로 아이들에게 최선을 다한다. 그러나 막상 아이들이 초등학교에 입학하게 되면 엄마들의 자세는 돌변한다. 받아쓰기와 수학의 셈과 영어교육 등에 전력 질주한다. 그러다보면 자연히 중요한 독서는 뒤로 밀리고 학교공부와 점수와 몇 등이냐에 집착하게 되는 과오를 범하게 된다. 그러나 학습의 기본은 이해력이다. 이해력은 어휘력에서 좌우되고 어휘력은 독서에 비례한다. 다양한 독서를 많이 하는 것은 학습내용을 잘 이해하고 받아들이는 기초공사를 하는 것과 같다. 기초공사가 탄탄하지 못하면 그 위에 지은 집은 언젠가는 와르르 무너진다.

새 학년 새 학기가 시작될 때 독서계획을 세워보는 것도 좋을 듯하다. 좋은 독서의 방법이 될지 아니면 나만의 주장이 될지 모르지만 나는 아이들의 교과서 내용을 먼저 철저히 파악해서 독서와 연계해야 한다고 생각한다. 그러면 학습과 독서의 두 마리 토끼를 다 잡을 수 있다. 교과서는 그 학년과 나이에 꼭 알아야 할 가장 보편적인 지식의 총체이며 집합이고 보고이다. 요즘 학습은 통합교과가 되어서 모든 과목의 내용이 종으로 횡으로 연결되어 있다. 국어교과서도 말하기 듣기 읽기 쓰기로 세분화 되어 있다. 국어는 언어생활을 총체적으로 가르치는 것이니 네 가지 다 중요하지 않을 수 없다. 과목마다 교과서를 파악해 보면 꼭 읽어야 할 책이 어떤 책인지 알 수 있다. 국어교과서엔 이솝우화와 애니메이션과 전래동화의 내용도 학년을 달리하며 일부분 실려 있다.

과학도 자세히 살펴보면 차례에서 물리 화학 지구과학 생물로 다 나뉘어져 있어서 읽어야 할 책이 어떤 것인지 저절로 파악된다. 지구과학은 달과 태양 등 우주와 천체 그리고 지질시대와 화석 등에 관한 책을 읽고, 생물은 곤충과 식물들을 종류별로 읽으면 된다. 그리고 수많은 발견과 발명, 물리적인 원리를 찾아낸 과학자들의 전기를 읽으면 자연스레 과학학습의 기초는 저절로 탄탄해진다.

사회도 마찬가지이다. 유적지답사와 다양한 문화체험을 할 수 있는 여행도 사회학습에 중요하다. 학생들이 어려워하는 국사와 세계사도 교과서에 나오는 인물들의 전기를 읽고, 시대적인 흐름에 준해서 중요한 것들을 정리하면 쉽게 이해할 수 있다. 무엇보다 국사는 삼국유사 등 역사에 관한 책을 읽으면 자연스럽게 학습으로 연결된다.

또 세계를 이해하기 위해선 국경없는의사회, 국제사면위원회, 그린피스 등 국제단체와, 마더 테레사와 달라이라마 등 세계적으로 정신적 지주 역할을 했던 분의 삶을 읽어보는 것도 많은 도움이 될 것이다. 이렇게 교과서에서 발췌한 책의 목록이 곧 청소년 필독서인 것이다.

어쨌든 책은 꾸준히 읽어야 한다. 초등학교 때 독서에 시간과 노력을 기울이다가 중·고등학생이 되면 아이들은 입시지옥으로 떠밀려 책과 담을 쌓는 경우가 많다. 가장 중요한 청소년기에 정신적 영양의 공급이 중단되는 것이며, 책 읽기의 공백 기간은 어릴 때 익혔던 독서의 습관마저 잃어버리게 만든다. 아이들의 성장과정에 따라서 책의 수준도 그만큼 높여 가야 하고 달라져야 한다. 그리고 무엇보다 꾸준한 독서습관이 중요하다. 세끼 밥을 먹는 것처럼 매일 한두 페이지라도 읽어야 한다. 입시위주의 교육이 아이들을 정신적으로 황폐하게 만드는 것 같다. 인격형성과 가치관이 형성되는 가장 중요한 시기에 독서를 멈추어 버린다면 안타까운 일이다. 제때에 먹어야 할 영양분을 섭취하지 못한 것처럼 정신적인 성숙에 영향을 미칠 것이다.

독서에 관한 좋은 가르침의 글들도 얼마나 많은가. 그러나 읽지 않으면 결코 내 것이 될 수 없다. 그 누구도 어른이 된 후에는 떠먹여 주지 않는다. 독서는 다양한 경험과 지식을 제공해 준다. 보지 못한 세상과 볼 수 없는 다른 세상과의 만남이고 많은 사람들과의 교류이다. 만남과 교류는 대화이며 소통이다. 가보지 못한 곳과 알지 못하는 것을 활자를 통하여 맘을 열고 귀를 기울이고 알아가는 것이다. 그러다보면 자신의 내면은 점점 영글어 간다. 자신도 모르게 성숙한 자아가 형성되어 있다. 어떤 비바람이 불어와도 헤쳐 갈 수 있는 용기와 지혜가 쌓여 간다. 그러면 매사에 당당하고 자신감이 생긴다. 그 자신감은 사회를 이끌어가는 원동력이 될 것이다.

책 속에 고요히 맘을 내려놓으면 외로움과 고독의 시간이 줄어들고, 욕심과 이기심의 부피도 줄어든다. 배움의 그릇은 커지고 이해심은 바다처럼 넓어지고 지혜는 깊이를 더한다. 책 한권을 다 읽고 난 뒤에 진하게 밀려오는 벅찬 감동과 내면이 가득 채워진 듯한 희열감은 정신적 버팀목이 되고 고요와 평화를 가져다준다. 책은 지식과 교양, 사유와 풍요를 약속한다. 그리고 사람과 사물을 꿰뚫어보는 통찰력을 키워준다. 옳고 그름을 판단하는 분별력을 길러 주어 옳은 것은 마음에 간직하고 그른 것에 단호한 양심을 갖게 한다. 나쁜 습관과 악덕에 분노하고 대항하는 힘을 길러준다. 독서는 영혼을 두드리는 깊고 장중한 울림이 된다. 몸과 마음의 건강을 위해서 자연과 교감하고, 책을 읽으며 정신적 풍요와 평온한 정서를 호흡해야 한다.

또한 사회라는 테두리 안에서 많은 사람들과 더불어 살아가기 위해서는 책을 통하여 꼭 필요한 지식과 경험을 쌓아야 하고, 사유의 시간을 가져 자신의 모난 구석을 다듬어야 한다. 언제 어디서 누구와 무엇이라도 나눌 수 있도록 긍정적이고 적극적인 자아를 만들어야 한다.

교육은 백년대계라고 한다. 하루의 계획도 일 년의 계획도 아니고 백년의 계획이다. 백년이라는 말이 꼭 시간을 의미하는 말은 아닐 것이다. 우리의 삶에 있어서 교육이 얼마나 중요한지 또 그 교육이 미치는 영향은 시간과 공간을 뛰어 넘어 사회와 역사에 지대한 여향을 미친다는 의미가 아닐까. 가정교육의 중요성을 더 말해 무엇 하겠는가. 거기에 더해서 지식의 습득과 지혜의 터득, 그리고 인격형성에 독서가 분명히 한 몫을 할 것이라고 생각한다.

시간이 없어서 책을 못 읽는 사람은 시간이 남아도 책을 읽지 않는다는 말이 있다. 그것은 독서도 습관이라는 말과 일맥상통한다. 요즘은 일 년에 백 권의 책 읽기에 도전하는 사람도 많이 있다. 백 권 다 읽지 못하더라도 읽은 만큼의 책은 자신을 분명히 업그레이드 시켜 줄 것이다. 적어도 OECD 가입국가 중에서 가장 낮은 독서수준의 오명은 씻어야 하지 않을까.

*국경없는 의사회_ 세계 각 지역에서 수행한 선구적인 인도주의적 봉사 활동으로 노벨 평화상을 수상했다. 1971년에 설립된 국경 없는 의사회는 '모든 재난의 피해자들은 그것이 천재이건 혹은 인재이건 상관없이 가능한 한 전문적인 도움을 신속하게 그리고 차별 없이 제공받을 권리가 있다'는 원칙을 세우고 어떤 국가적 정치적 상황이나 동정에도 흔들림 없이 이 원칙을 성공적으로 고수하며 활동하고 있다.

*국제 사면 위원회_ 국가 권력에 의해 처벌당하고 억압받는 각국 정치범들을 구제하기 위하여 1961년 5월에 창설된 국제기구이다. 이데올로기 · 정치 · 종교상의 신념이나 견해 때문에 체포·투옥된 정치범의 석방, 공정한 재판과 옥중에서의 처우 개선, 고문과 사형의 폐지 등을 목적으로 한다.

*그린피스_ 1971년 설립된 국제 환경보호 단체로서 핵실험 반대와 자연보호 운동 등을 통하여 지구의 환경을 보존하고 평화를 증진시키기 위한 활동을 펼치고 있다. 40여 개국에 지부를 두고 있으며, 본부는 네덜란드 암스테르담에 있다.

전곡의 추억

요즘도 어쩌다 '전곡' 버스터미널 앞을 지나칠 때면 가슴 깊이 싸한 아픔과 함께 그리움이 밀려오곤 하는 곳. 낯익은 골목, 숨이 헉헉 차던 언덕배기 지금은 아무도 남아있지 않은 그리운 얼굴들.

만 6년, 두 아이를 모두 그곳에 살면서 낳았다. 지금 돌이켜 생각해 보면 내 길지 않은 생애 중 가장 힘들었고, 행복했었고, 가장 어려웠던 시간이 아니었었나 하는 생각이 든다.

남편이 서울에서 잘 나간다던 월급쟁이를 그만두고 사업을 시작하면서부터 철부지 새댁의 고달픔은 시작 되었다.

그때만 해도 방 구하기가 하늘의 별 따기만큼이나 힘들었던 전곡 시내.

가게에서 가까운 곳으로 급히 이사를 하려니 방 한 칸에 부엌 하나가 딸린 방이었는데 겨울에는 부엌에 설거지해 놓은 그릇이 얼 정도로 추웠다.

간신히 겨울을 넘기고 봄이 찾아올 무렵이었다.

"새댁, 신랑한테 잘 얘기해서 우리 집으로 이사 와, 우리 집에 장교가 사는 방이 곧 비게 될 거야."

그렇게 인연을 맺은 집 주인 아주머니(김금순 여사).

"영인네가 우리 집에서 돈 많이 벌어 이사 나갔으면 좋겠다." 고 하시던 아주머니 말씀대로 동두천의 18평 빌라로 입주할 때까지 참 많은 일들이 있었다.

처음 시작은 보증금에 월세를 내고 살았는데 생각보다 빨리 돈이 벌려서 전세로 옮겨도 될 듯싶어 어렵게 말문을 열었다.

“아무래도 전세로 옮겨야 할 것 같은데요.”

말이 끝나기가 무섭게

“그럼 우리 집에서 전세로 살아요.”

한동안 참 행복했다. 사업도 번창하고 기다리던 첫딸 아이도 태어났다. 딸아이의 돌잔치를 동네가 떠나가라고 성대하게 치렀다.

지금 같으면 뷔페식당에서 편히 했겠지만 그때는 음식을 모두 집에서 준비했다. 그때 이틀 동안 오셔서 음식 장만해 주신 화장품 아줌마(피어리스)는 지금도 잊지 않고 고맙게 생각하고 있다.

다시 무언가 변화가 일기 시작했다. 그럭저럭 사업은 번창했지만 도저히 적성에 맞지 않은 일로 남편은 갈등했고 전곡에서의 일은 정리하고 다시 서울에서 새로운 일을 시작했다. 하지만 서울로 이사할 형편은 아니었다.

5~6명의 직원들 월급 주기에 급급해 얼마 지나지 않아 아이의 돌 반지며, 결혼 예물로 받았던 금붙이 등이 하나둘씩 없어지기 시작했고 결국에는 거금을 주고 산 패물 보다 더 아끼던 카메라마저 전당포에 맡기고 결국에는 찾지 못했다.

다시 월세로 이사 나가야 할 형편에도 아주머니는 다시 월세로 돌려주셨다. 그리고 또 얼마 후에는 월세 보증금까지 미리 찾아 쓰고 월세를 더 내는 상황이 되었다. 남편은 서울에서 집에 올 차비가 없어서 오지 못할 때가 있는가 하면, 공장에서는 정부미 20Kg으로 일주일을 넘기지 못했으나 쌀값 외상값을 갚지 못해서 다른 쌀집에서 조금씩 사서 먹는 일이 빈번했다. 그때 제주출신 ‘정’ 과장은 고등어 한 마리로 7인분이나 되는 찌개를 용케도 끓여냈다.

그런 중에 둘째 아이를 임신했다. 첫 아이를 임신하고 정기적으로 '의정부 성모병원'으로 검사를 받으러 다니던 때와는 달리 병원에 다닐 여유조차 없었다. 7개월이 지나면서부터 연천에 있는 '모자보건센터'를 찾았다. 생각했던 것보다 시설이 잘 되어 있어서 그나마 안심이 되었다.

"내가 은행 나갈 시간이 없어서 그러니까 자기가 가서 찾아"

라며 아무런 의심 없이 남편의 월급 통장과 도장을 건네주면서도 미안해하던 효정이 엄마, 아진이 엄마 그 들은 정말 소중한 이웃이었다.

좁은 골목을 사이에 두고 삼각형처럼 모여 정을 나누던 그들은 평범한 월급생활로 그 당시 나에게는 너무나도 부러움의 대상이었다.

겨울이었다. 둘째의 출산 예정일이 가까이 다가올 무렵 효정이 엄마가 불렀다.

"만둣국 끓였으니까 빨리 와, 애기 잘 낳으려면 잘 먹어야지."

그때의 만둣국 맛은 그 후 어디에서도 다시 맛볼 수 없었다.

둘째를 아들을 낳아서 너무 좋다며 나보다 더 좋아하며 쇠고기 잔뜩 사다 주던 혜연이 엄마, 일주일 동안 10분 거리의 추운 길을 오가며 밥이랑 미역국 끓여 주시고 빨래까지 해 주시던 늘 언니 같던 꼭지 엄마, 전곡에서 우연히 만나 집에 가서 차 한 잔하고 가라고 해서 들렀더니 캔맥주 한 박스를 번쩍 들어 차에 실어주던 성훈엄마, 잊힐 만하면 한 번씩 전화해서

"가끔씩 전화해서 목소리 좀 들려주면 안 돼? 목소리 잊어버리겠다. 책 좀 보내줘. 우리 소정이가 자기 열성 팬이잖아."

하며 전화만 연결 되었다 싶으면 30분씩 투정 부리는 소정 엄마.

'전곡'에서의 6년, 나의 삶에서 가장 힘들고 어려웠던 그때, 그 시간에 만났던 사람들, 추억들은 내 삶에서 다른 무엇과도 바꿀 수 없는 소중함으로 오래오래 마음속 깊이 간직해 두고 싶다.

몇 개월이 지나도록 전화 한 통 하지 못하다가 문득 생각나서 다시 그 음성을 들어도 어제 헤어진 것처럼 아무 스스럼없이 만날 수 있는 편안한 관계, 그런 사람들.

사람과 사람의 관계처럼 소중한 인연이 있을까?

요즈음 나의 생각은 이렇다.

여태까지 알고 있는 사람들을 편안하게 잘 유지하는 일만 해도 남은 시간이 너무나 짧은데 새로운 사람을 만나 알아 가기에는 참으로 많은 시간과 에너지가 필요할 텐데, 그 일에 시간을 빼앗기는 것이 왠지 아깝다는 생각이 든다.

지금 이 순간만큼은…….

마닐라* 배낭여행

가슴속에 늘 자그마한 아들이 어느새 커서 직장인이 되었다.

성과급 나왔다고 필리핀 보내준다 한다. 바다가 있는 세부도 가고 싶었지만, 도심지인 마닐라를 선택했다. 국외, 첫 나들이 생각만 해도 가슴 뿌듯하게 벅차 온다.

설 연휴라 대한항공은 이미 매진되었고 저가로 필리핀 항공권을 겨우 구했다. 인천공항에 들어서는 순간 수많은 인파에 자동 밀려가고 있었다.

마닐라에서 사용할 준비금 일백만 원을 일단 페소로 바꾸고 저녁 식사 후 면세점에서 시간을 보낸다. 어둠이 밀려오는 시간 드디어 필리핀 항공도 출발한다.

세부 퍼시픽 비행기 안에서 창가에 앉은 딸이랑 신비스러움에 반해 아주 좋아서 사진 찍느라 정신이 없었다. 감탄사가 저절로 터져 나오기도 했다 촌스러울 만큼, 남편과 아들은 비행기 여러 번 타 봤다고 여유롭게 행동한다.

멋스러운 야경을 내려다보며 행복해 하는 우리 가족들, 이래서 가끔은 일상을 벗어나 여행하는 것도 좋다고 생각한다.

또한, 살다 보면 이렇게 기쁜 날도 오는구나 감격하기도 했다. 삶의 활력소를 재충전하는 소중한 시간을 만들어준 아들에게 더없이 고마움을 느낀다.

새벽 1시 드디어 마닐라 공항도착. 근거리에 있는 숙소 해밀턴 호텔을 향한다.

건널목이 보이지 않아 코앞에 건물을 찾아가기가 쉽지 않다. 우리나라와 달리 거리에 경찰들이 많이 나와 있었다. 숙소를 어떻게 찾아가라 방법을 일러 주었는데도 가도 가도 건널목이 없어 결국엔 택시를 타고 호텔로 들어갔다.

아들은 아빠랑 딸은 엄마랑 나누어서 자기로 한다. 국외 첫 나들이, 부푼 꿈을 차분히 가라앉히며 잠을 청한다.

다음 날 아침 7시 마닐라의 빛나는 햇살을 받으며 상쾌한 기분으로 기상한다. 여행의 소중한 시간을 아끼려 서둘러 몸단장하고는 아침 식사를 위해 호텔 1층으로 갔다.

필리핀 음식문화를 맛보며 느끼는 시간, 눈에 익은 음식도 있고 처음 보는 음식도 있었다. 대체적인 맛은 조금 느끼했다. 준비해 간 고추장과 김으로 달래가며 먹은 음식은 나름 별미였다. 그중에서 오물렛 먹는데 어느 나라든 계란 맛은 비슷하다는 생각이 든다. 그만큼 모든 사람이 즐겨 먹고 있는 전 세계 음식이겠지.

식후 호텔을 나와 마닐라의 첫째 날 여행을 시작한다.

마닐라의 치안 상태가 좋지 않아서인지 총으로 무장한 경찰과 경비가 거의 모든 건물을 지키고 있었고, 도로에는 수많은 사람과 인력거, 택시, 버스 등이 분주하게 오고 갔다. 그런 상황에서도 우리나라와 같은 신호등과 건널목이 없어서 수많은 사람이 위험을 무릅쓰고 도로를 건너가는 모습이 매우 안쓰럽게 느껴졌다. 한편, 저 멀리에서 바나나, 야자나무 수채화를 그리며 지나가는데 색다른 분위기 마냥 좋았다.

첫 여행지로 스페인이 마닐라를 점령한 직후인 1571년 왜적과 원주민의 공격에 대비하여 약 4km의 성벽을 쌓으면서 생겨난 성벽도시, 세계 2차 대전 후반까지 잘 보존되어 오다 마닐라 전투에서 미국의 폭격을 받아 파괴되어 지금의 모습으로 바뀌었다는 인트라무로스 그중 가장 먼저 필리핀을 점령한 스페인 군사정부가 지은 방어요새를 방문, 필리핀 식민 역사의 아픔을 잠시나마 되새겨본다, 세계 2차 대전 중에는 수백의 필리핀 시민들이 감옥에 갇히고 처형되었던 비극적인 장소로 알려진 산티아고 요새, 이곳에서 많은 것을 알고 배우고 이해하는 시간이었다. 잠시 틈을 타서 가족사진을 찍고 있는데, 중학생으로 보이는 여학생들이 와르르 와서 아들을 잡고 수차례 사진을 찍더니, 가면서 '김범'이라 해서 우리 가족은 한바탕 웃었다. 누구나 잘생겼다 소리 들으면 좋은데, 아마도 꽃보다 남자에서 나왔던 연예인으로 착각한 것 같다.

필리핀의 지금 날씨는 겨울이라 하는데 우리가족에게는 춥지도 덥지도 않은 아주 적당한 날씨라 느껴진다. 많이 움직이면 살짝 더운 날씨 그 정도였다.

다음은 필리핀 영웅 동상이 있는 리잘 공원을 갔다. 원래 이곳은 초승달 모양을 닮았다고 해서 루네타 공원으로 불리다가 필리핀이 독립 영웅 호세 리잘을 기리기 위해 리잘 공원이란 이름으로 바뀌었다. 벤치에 앉아 시원한 물과 음료수를 마시고 여유롭게 사진을 찍으며 공원을 둘러봤다.

그 다음은 스페인 지배 계층의 삶을 보여주는 마닐라 대성당으로 갔다. 마닐라 중심에 있으며, 1571년 건립, 1574년 중국인 리마홍에 의해 처음 파괴된 이래, 화재로 한번, 지진으로 세 번, 2차 대전 때 한번, 무려 여섯 번이나 파괴되는 경험을 한 성당이지만 웅장하고 거대한 성당에 들어서니 매우 엄숙하고 고요한 분위기를 풍긴다. 벽면에 걸린 커다란 그림 액자, 화려한 스테인 글라스와 파이프 오르간은 더욱 기억에 남는다. 많은 사람과 함께 한발 한발 계단을 딛고 올라서며 관람을 해서인지 의미가 더 크다. 그리고 마닐라 대성당 근거리에 카사 마닐라 박물관이 있어서 더욱 편리하게 관람했으며 스페인 모습을 물씬 느낄 수 있었다. 많이 걷다보니 피로가 밀려온다.

다음 일정은 아시아에서 규모가 가장 크다는 쇼핑센타 '몰 오브 아시아'에서 관광을 하는 것이었다. 쇼핑은 차후에 다시 하기로 하고 일단은 알아두는 차원에 중점을 두었다. 그곳은 우리나라 남대문 시장보다 복잡하고 화려하고 정신이 없었다. 전 세계 음식이 다 모여 있는 수많은 식당 중에서 한식집은 못 찾고, 일식집을 찾아 점심을 먹었다. 그 중 특이한 것은 실내 스케이트장이 있었는데 마치 개미떼 모이듯이 많은 사람들이 모여 있었다.

한국에서 떠나올 때 주변 사람들이 '필리핀 가면 마사지를 꼭 받아보삼' 할 정도로 마사지로 유명한 이곳에 와서 쌓인 피로를 풀고 가고 싶어 택시를 타고 관광안내 책에 나오는 마사지 방으로 갔다.

우리 가족 모두 전신 마사지를 조용히 받고 있는데 딸내미 웃음 터져 나온다. 그리곤 아프다 말한다. 곧바로 유머 있는 필리핀 아주머니가 "많이 아파, 아파." 어색한 억양으로 한국말을 쏟아내 웃음꽃 피워준다. 한 시간 정도 지났을까? 마사지로 달랬으니 한결 가벼워진 몸은 하늘을 날을 듯했다. 수고하신 마사지 선생님께 수고비에 팁을 얹어 주었다.

다음은 저녁노을을 만나러 마닐라 베이 바다로 갔다. 시간은 잘 맞추었는데 장소 탓인지 생각보다 멋진 장면은 보지 못했다.

다음은 저녁 식사할 곳을 찾다가 내가 점심 먹은 것이 아직도 느끼하다 했더니 택시를 타고 한국 사람들이 모여서 식당을 운영하는 곳으로 가자 한다. 그곳에서 김치찌개 된장찌개를 아주 맛있고 개운하게 먹었다. 어디서 본 듯 정감이 가는 식당 아주머니랑 이야기 보따리 풀어보면서 낯설지 않은 대화를 나눴다. 누구인지는 몰라도 한국 사람이라 그냥 호감을 느낀 것 같다. 다음은 한국제품을 판다는 슈퍼마켓에 가 보았는데 김치도 보이고 이것저것 구색을 갖춘 모습이 참 정겨웠다.

그 후 해산물 시장을 돌아봤다. 생선종류 과일류는 우리나라 재래시장 같았고, 망고 과일만 색달라 보일 뿐이었다.

둘째 날 아침 7시 기상. 여행사에서 봉고차를 8시까지 호텔 앞으로 보낸다 하기에 몸단장하고 호텔에서 서두르며 아침을 먹는다. 부족함이 없는 필리핀의 다양한 음식은 첫날보다 매우 익숙했다.

호텔 앞에서 봉고차 기사님을 만나 인사를 나누고는 차에 오른다. 한국에서 여행사를 통해 따가이 따이 따알화산을 들러 한국 사람이 운영하는 온천을 예약하고 와서인지 기사님은 말없이 달린다. 마닐라에서 거리가 먼 곳인지 부지런히 달려간다. 우리나라 산동네 비슷한 비포장도로 나오고 잡동사니 가구점도 보이고 망고 바나나 등 풍성한 과일가게 보인다. 쉬지 않고 달려간 곳이 따가이 따이에 있는 따알 호수인가 보다. 따알 화산에 오르기 위해 배를 타는 곳이었다.

비바람 맞으며 배를 타고 들어가니 조랑말들이 우리를 기다리고 있었다. 설명을 잘 들었는데도 조랑말을 타고 오르는 길이 험하고 만만치 않아 소리를 지르기 바빴다. 마부도 힘들고 말도 힘들고 나도 힘들었지만 조금은 익숙해졌다. 하필 마부님도 아줌마라서 숨차했다. 정상에 오르니 탁 트인 따알 화산이 드디어 보인다. 올라가는 중에도 화산 활동 중이어서 그런지 가스 분출이 계속되어 한편으론 걱정도 되었다.

이 높은 곳까지 마부가 이끌어주는 조랑말을 호강으로 타고 오르다니 만감이 교차한다. 눈물 날 만큼 복에 겨워.

아직 사회 경험이 없는 순수 덩어리 딸이 사진사가 사진 찍는데 찍나 보다하고 지나쳤는지 잠시 후 사진액자 만들어서 쫓아 왔다. 하는 수없이 사진사에게 200페소 지급했지만 그래도 기념사진이 되었다.

따알 화산 정상에서 따알 호수를 내려다보며 가족사진을 찍고 잠시 휴식을 취했다.

다시 조랑말 타고 내려오는 길 여유롭게 즐기는 남편과 아들은 참 좋아 보이는데 이번엔 딸이 소리소리 지른다. 겁먹고, 조랑말에서 내리는 딸 얼굴 보니 안쓰럽기도 하고 웃기기도 했다. 어쨌든 내 평생 처음으로 조랑말을 많이 타봤다. 너무나 수고하신 마부님께 수고비에 팁을 드렸다. 배를 타고 호수를 돌아 나오는데 시원한 호수 바람이 따알 화산의 묘미 되어 뒤 따라 온다. 많은 여운을 남기면서…….

필리핀여행의 최고라 말할 만큼 너무나도 좋았다.

이벤트로 한식으로 마련된 된장국, 김치. 나물, 돼지 불고기에 상추쌈까지 곁들인 점심을 먹는데 정말 한식 그대로였다. 돈을 내고 먹는 음식이지만 한국 사람이 이곳 타지에서 고생하며 차려준 음식이라 생각하니 고맙고 감사했다.

다시 봉고차를 타고 한국 사람이 운영하는 온천으로 갔다. 언제 끝날지 몰라 기사님과 약속 없이 그냥 건물 안으로 들어갔다. 마치 한국에 있는 것처럼 한국 사람들이 모여 라이브도 하고, 온천욕을 즐기며 피로를 푸는, 아주 뿌듯한 시간을 보냈다. 2시간 반쯤 지났을까? 밖에 나가니 기사님이 안 보이신다. 여기로 저기로 찾아 헤매다 결국 여행사에 전화했더니 주차장을 벗어나 밖에 계셨다고 한다. 영어로 소통은 되는데 기사님 전화를 몰라서 헤맸던 것이다. 그래도 얼른 해결되었으니 안심하고 마닐라 해밀턴 호텔로 돌아간다.

쉬지 않고 가는 길이었는데도 거리가 먼지 마닐라에 도착하니 저녁 시간이 되었다. 호텔에서 휴식을 취한 후 택시를 타고 마닐라 최고의 번화가가 운집한 그린벨트 지역으로 쇼핑 겸 산책하러 나갔다.

세계의 유명 명품과 수많은 상가로 이루어진 어마어마한 쇼핑물인 만큼 구경할 게 너무 많아 지치기도 한다. 다리도 아프고 배도 고프고 해서 고급식당에 가서 바닷가재가 포함된 해산물 세트 메뉴를 시켰는데

양이 많아서 남겼다.

택시를 타고 호텔로 돌아와서 휴식을 취한다.

밀려오는 피곤함을 씻어 내려고 탕에 갔는데 청소하시는 아주머니가 큰 수건 두 개를 안 놓고 가셔서 호텔 관리인에게 가져다 달라고 전화를 했다. 그리고는 마사지 팩을 한다고 식구들 다 누워 있었다.

뚱뚱한 아주머니 벨을 눌러서 딸이 나갔는데 대화가 안 되는지 그냥 들어왔다. 오빠가 나가 봐 무슨 소린지 잘 모르겠어. 예 했는데 아주머니가 안 가셔. 영어 좀 잘하는 아들이 나가더니 소통을 했다. 그런데 너무 급했는지 얼굴에 팩을 붙이고 나갔다 온 아들 어이없다 한다.

아들 하는 말, "청소 아주머니가 수건 두 개 안 놓고 간 거냐 아니면 다 쓰고 모자라서 더 달라는 거냐. 그런 내용이었는데 딸 하고 소통이 잘 안 되었다" 한다. 만일 후자라면 팁을 줬어야 한다고 말했다. 팁 문화가 발달된 곳으로 관광객이 많아서 그런 것 같았다. 암튼 해결되었으니 그만이지.

침대에 누워 충분한 휴식을 취한 뒤 숙소 근처인 24시간 가동하는 쇼핑센타로 갔다. 건물 안에는 카지노 그리고 화려한 물건들을 관람하는 수많은 관광객, 이것저것 볼거리가 많았다,

24시 편의점인지 늦은 시간에도 사람들도 많았고 맥도날드도 눈에 띈다. 마치 한국 치킨점과 분위기가 같아 한국에 있는 거 같은 착각도 한다. 마닐라의 밤 문화와 야경의 멋스러움에 반해 이곳저곳을 구경하다 시간 가는 줄 몰랐다.

숙소에 돌아오니 파김치가 된 듯 피곤이 밀려온다.

내일의 여행일정을 위해 오순도순 가족끼리 상의하며 마닐라에서의 마지막 밤을 보낸다.

마지막 날 6시 30분 기상, 밖을 보니 그동안의 행복했던 여행의 순간

들이 주마등처럼 스쳐 지나간다.

시간을 아끼려고 주섬주섬 재빨리 배낭을 챙겨놓고 아침 식사를 한다.

마닐라 호텔에서 먹는 마지막 아침 식사라서인지 기분이 달랐다. 색다른 식사 문화였지만 어느새 많이 익숙해졌는데 벌써 이별을 해야 하는가 하는 서운한 느낌도 들었다. 이곳에서 어느새 나도 모르게 정이 많이 들었나 보다.

오전 12시쯤에는 마닐라 공항에 가야 하기 때문에 서둘러 호텔을 나왔다. 너무 이른 시간에 '몰 오브 아시아' 쇼핑센터에 가니 문이 잠겼다.

근처에서 망고 주스를 마시며 기다리다가 오전 10시 시작 하자마자 쇼핑에 나섰다. 저렴한 가격의 가방이 있어서 이 녀석 먼저 챙기고 다음은 망고 그리고 파인애플 등 과일 말린 젤리라고나 할까? 이곳에선 흔하게 많지만, 한국에서는 귀한 것이라 좀 많이 샀다, 친척들과 나누어 먹으려고.

서두른 탓에 마닐라 공항에 일찍 도착해 공항에서 점심을 먹고 마닐라 면세점에서 시간을 보냈다.

인천공항에 도착하여 마닐라 항공을 떠나오는데, 가족과 함께 행복했던 필리핀에서의 모든 일정이 생생하게 떠올라 아직도 필리핀에 있는 것 같은 생각이 들었다. 인생에서 많은 색다른 경험과 체험을 했던 잊을 수 없는 3박 4일의 마닐라 여행에서 조랑말을 타고 달렸던 따가이 따이 따알 호수와 따알 화산은 내 가슴 속에 촉촉하게 남아 더욱더 오래도록 내 머릿속에 기억될 것이다.

수필 | 장선영

쇼핑과 직관

거의 매일 쇼핑을 한다. 필요한 것들을 기억해 놓거나 메모해 놓으면 해결해야 할 숙제처럼 빨리 해치우고 싶어진다. 가까이에 매장이 있으면 짬을 내어 쇼핑을 가고 메모한 것들을 순서대로 골라 담아 오면 끝이다. 그런 쇼핑을 할 때는 발걸음이 가볍고 정리하는 손길도 경쾌하다. 그런데 간혹 매장에서 물건을 구하지 못할 경우가 생긴다. 마음에 안 들거나 너무 비싸거나, 아예 없는 경우가 있게 마련이니까. 그럴 땐 온라인 쇼핑을 하게 되는데 이건 생각만 해도 가슴이 답답해지는 겁나는 일상 중에 하나이다.

대충 고를 수도 없고 (대충 골랐다간 마음에 들지 않아 교환하거나 환불해야 하는데 누구나 그렇듯 이런 일련의 과정이 싫고 그냥 두면 쓰지 않게 되니까) 꼼꼼히 살피다 보면 이 생각 저 생각이 들게 마련이고, 수없이 많은 상품이 게걸음 치듯 좌우로 지나가며 내 시선을 어지럽히고, 클릭도 안 했는데 여기저기서 새로운 상품이 화면을 치고 올라온다. 나는 그만 포기하고 컴퓨터를 끄게 된다.

근래에 결정 장애, 또는 선택장애라는 말이 유행인데 이것도 하나의 병으로 인식되는 걸까 라는 궁금증이 생긴다. 그렇다면 난 심각한 중증이다. 컴퓨터를 끄고 나면 묵직해진 머릿속으로 드는 생각이 '내 시간이 그렇게 또 낭비되고 말았구나.' 라는 것이다.

사실 나는 한가한 사람이다. 그렇다고 해도 이렇게 시간이 흘러가 버리고 나면 왠지 억울하고 분한 생각이 든다. 온라인 쇼핑은 '내 취향이 아니야.' 라는 확신과 함께.

지나고 보면 생각에 생각을 거듭하여 신중히 구매했던 상품도 어느 순간엔 서랍 안쪽에 처박혀 있거나 관심이 물러난 이끼 낀 수족관처럼 방치되어 먼지만 쌓인 채 공간을 차지하고 있는 모습을 보게 된다.

가구의 위치를 바꾸게 되거나 이사를 하게 되면 그런 물건은 여지없이 폐기물 스티커가 붙여지거나 재활용 박스 함으로 들어간다. 그것도 아니면 쓰레기봉투 속으로.

수많은 사람들이 생활의 간소화를 얘기한다. 간소화를 실천하고 있는 사람들을 보면 움직임조차 최소로 줄어 있다. 에너지의 순환이라는 관점에서 보면 그들은 먹는 음식도 최소한의 양일 것이다.

간소함으로 따지자면 나도 꽤 즐기는 사람 축에 속한다. 어떻게 하면 더 간소하게 해치울지, 더 비어있게 둘지를 생각하며 보내는 시간이 많기 때문이다. 그렇지만 아직도 우리 집에선 쓰레기가 많이 나오고 있고 머릿속엔 사야 할 목록이 하나 둘 떠다니는 자신을 인식하게 될 때면 갈 길이 아직 멀었음을 느끼기도 한다.

요컨대 쇼핑의 어려움(괴로움)이 있으니 생활이 간소해지면 쇼핑을 덜 하게 될 것이고 그러면 그런 어려움(괴로움)을 조금이나마 피할 수 있을 거란 생각이 드는 것인데 그러나 언제나 피할 수만은 없지 않는가?

예를 들어 수영장에 가야 하는데 수영복이 없다든지. 집에서 입어야 할 편한 바지가 없는데 사지 않고 벗고 지낼 수는 없는 노릇이니. 그럴 땐 시간을 들여 골라야 하겠지.

왜냐하면 대충 골라서 그 물건과 함께 생활하는 동안 계속 스트레스를 받는 것보다는 시간을 들여 정성을 좀 기울이는 게 더 나을 테니까 말이다.

근래에 결정 장애의 해결방법으로 직관을 따르는 것이 좋다는 내용의 글을 보았다. 좋은 방법이다. 내 경험상 100% 성공적인 건 아니나 들이는 시간에 비한 만족도는 높았던 기억이 난다. 그러므로 확률 상 괜찮은 방법인 것이다.

나는 내가 인식하지는 못하지만 무의식적으로 가장 원하는 게 무엇인지 알고 있다는 것인데 이런 능력을 지닌 인간이란 존재가 참 멋지다. 인간의 이러한 잠재력까지 미래의 로봇은 따라 올 수 있을는지?

달맞이꽃 옆에서

산이 좋아 사시사철 산과 대화하며 살아온 나는 은근한 자긍심에서 스스로 도인道人이 된다. 그것이 하찮은 야생화인 풀꽃 하나에도 관조觀照하는 마음이 깃드는 것이다.

백화난만한 황홀경을 이루는 눈부신 봄꽃이나 신록의 숲 향이 아니라도 무등산에는 사시장철 꽃피는 야생화의 암향에 취해 산다.

꽃피는 무등산은 백두산에 버금가는 야생화의 천국이라고 한다. 무등산에는 계절 따라 피는 꽃이 없을 때가 거의 없다. 특히 5~6월에서부터 7~8월에 이르면 야생화의 만개함이 절정을 이룬다. 산기슭에는 야생화의 군락지가 수채화의 화폭처럼 산행인의 마음을 홀린다. 이때는 유독 달맞이꽃과 개망초꽃이 지천으로 피어서 오가는 산행인의 눈을 즐겁게 한다. 한여름 그 수많은 야생화의 꽃 이름인들 내 어찌 다 이름 부를 수 있으랴! 수없이 대하는 야생화며 풀꽃이지만 어쩌다 돋보이는 것들이 있어 거기에 시선이 멈추면 마음 가득 그것에 정관靜觀의 사랑이 깃든다.

산행하는 7월의 어느 날이다. 산기슭 야생화의 군락지에 형형색색의 꽃들이 무리 져 있는데 시선이 집중되었다. 무리 진 꽃들의 하나하나가 개성적인데다 조화로운 미적 통일을 이루고 있어 풀꽃답지 않게 화려했다. 그중에서도 8~90cm 이상 키가 웃자란 개망초꽃과 달맞이꽃이 예사롭지 않았다. 눈빛나게 하얀 개망초꽃, 이와는 대조적으로 노란 색깔로 곱게 핀 꽃이 새삼 눈에 띄었다. 이른바 달맞이꽃이다.

달맞이꽃에는 여느 야생화보다 안으로 비장된 꿀물이 많아서인가 역사役事하는 꿀벌들이 줄지어 들고난다. 예전에 미처 몰랐던 달맞이꽃에 대한 새로운 깨달음인가 마음이 더욱 거기에 다가갔다. 달맞이꽃은 노랗게 피면서도 그 색깔이 호들갑스럽게 야하거나 어연번듯 화려하지도 않은 수수한 꽃이다. 비유컨대 40대 중반의 한국의 여인을 닮은 살짝 그늘진 모습이다. 그래서 이를 가리켜 꽃이란 개념과는 달리 처량하게 보인다고 했던가. 그런 정서에서 달맞이꽃은 그리움과 기다림, 애절함의 상징으로 시구詩句와 노래가사에도 자주 이용되는 것이던가.

달맞이꽃은 말 그대로 달빛을 그리며 피는 의미를 담은, 밤에만 피고 낮에 지는 꽃이란 이름이다. 그래서 월견초月見草 야화夜花 야래향夜來香이란 별명이 있다. 달맞이꽃, 밤에만 핀다는 이 꽃은 그 이름부터가 한국적인 정서를 짙게 풍기는, 밤에 피는 우리의 박꽃과 같은 정서감에 젖는다. 달맞이꽃을 보고 있노라면 한국 여인의 정통성의 생활 성정을 닮은 정취를 느낀다. 옛 세상을 살아온 우리나라 여성들에겐, 꽃을 즐길 수 있는 밝은 날의 활발한 생활이 위축되었고, 그늘진 뒤안길에서만 살아온 밀려난 삶이 이루어진 것이 아니던가. 그래서 꽃을 맞이해도 밤에 핀 꽃에서만 수줍은 감상을 했을 것이다. 때로는 임 그린 기다림이나 한 서린 애절한 심정을 속 깊이 달래기도 했으리라 싶다.

그런데 밤에만 핀다는 이 꽃도 세상의 변화 인심에 따라 변신을 한 것인가. 햇빛 밝은 낮에도 활짝 피어 있다. 산행의 길가에 핀 이 꽃을 낮이 아니면 어찌 감상할 수 있으랴 낮에도 피는 변신한 것들이 있어 우리의 눈을 즐겁게 해준, 이 꽃에 대한 희열의 예찬을 거듭하는 마음이다.

달맞이꽃은 꽃으로서 사람의 눈을 즐겁게만 하는데 끝나는 것이 아니다. 제 몸 전체를 꽃부터 뿌리까지 인간을 위해 바친다는 것이다. 이는 겨우내 땅 속에서 뿌리로 남아 있다가 봄맞이 잎을 내는 것들을 캐서 무치면 영양이 풍부한 봄나물 반찬이 된다. 7월의 이른 아침 이슬에 젖은 이 꽃을 따서 여러 가지를 만들어 먹는다고 한다. 꽃잎을 소쿠리에 담아 통풍이 잘되는 그늘에 말려 유리병에 담아 두었다가 차로 만들어 마신다. 아침에 딴 꽃을 접시에 담아 샐러드로 먹기도 한다.

달맞이꽃은 약용으로도 많이 쓰인다. 이것들의 뿌리를 잘라 말려 두었다가 감기로 인후염이나 기관지염이 생기면 달여 먹는다. 피부염에는 7~8월의 꽃잎을 생으로 찧어 피부에 바르면 약효가 좋다. 여성들의 생리불순에 특효가 있고 중년 이후의 비만자들에게도 특효약이라고 한다. 10월 이후에 받은 꽃씨를 짜낸 기름을 아토피성 환자에게 바르면 치료가 되고 이를 복용하면 피를 맑게 하여 관절염 예방에 도움이 된다고 한다.

이와 같이 달맞이꽃은 죽어서까지 자기 몸 전체를 인간의 건강유지에 오롯이 바치는 인간을 위한 희생물이다.

한 여름 어디에고 피어나는 하찮은 야생화, 그러나 이것들은 제 몸 모든 것을 인간을 위해서만 그 존재가치를 갖는다. 항차 인간들은 이들 생명체를 외면한 채 짓밟고 천대하고 있다.

이름하여 달맞이꽃은 인간의 건강을 위해서 제 몸 전체를 아낌없이 내주는 희생적인 모성母性이 넘치는 꽃이다.

경주 최부자 댁이 시작된 충의당을 찾아가다

처서를 지난 날씨인데도 한낮의 햇살은 여름처럼 뜨겁다. 하늘은 전형적인 가을임을 알려주듯 파랗고 뭉게구름이 둥실둥실 떠다닌다. 여름에 떠나는 여행길은 아무래도 땀과 함께 걷지 않을 수 없지만 죽이 맞는 여행 마니아들의 약속에 따라 늦여름의 따가운 햇살을 받으며 길을 나서게 되었다.

경부고속도로를 거쳐 먼저 도착한 곳은 경주시 내남면 이조리 492번지에 위치한 최부자 댁이 시작된 충의당忠義堂이다. 우리 역사 가운데 대표적인 노블레스 오블리주Noblesse Oblige를 이야기할 때 가장 먼저 생각나는 곳이 경주 최부자 집이다. 타인능해他人能解로 유명한 구례군 토지면 오미리에 자리 잡은 운조루雲鳥樓도 훌륭한 가문으로 기억되는 집안이다. 경주 최부자는 조선 중기의 정무공 최진립 장군으로부터 시작된다.

충의당 들머리에는 커다란 바위에 용산공원이라는 글씨를 새겨 놓은 안내표시가 있고 그 뒤 넓은 공간에는 정무공 최진립貞武公 崔震立 장군의 동상이 서 있다. 달리는 말 등에서 활을 쏘는 모습이다. 정무공 최진립 장군은 조선 중기의 무신으로 1592년 임진왜란이 발발하자 의병을 일으켜 경주읍성전투에 참가하였으며 정유재란 때에는 권율 장군을 도와 선봉장이 되어 서생포전투와 도산전투에서 혁혁한 공을 세워 여도만호로 임명되면서 무관의 길을 걷게 되었다.

임진왜란이 끝나자 선무원종이등공신에 올랐으며 강원도호

부사, 공조참판을 지내다가 1637년 병자호란이 일어나자 69세의 노구임에도 불구하고 남한산성에 피신한 인조 임금을 구하기 위하여 용인전투에서 끝까지 싸우다가 전사하였다. 이때 그를 따르던 노비 기별과 옥동도 함께 전사하였다. 그 후 인조임금은 자헌대부 병조판서와 정무貞武라는 시호를 내리고 청백리에 올렸다.

충의당이 자리 잡고 있는 잠와고택潛窩古宅 대문을 들어서니 먼저 아담한 2칸의 경모당景慕堂이 서 있는데 다실茶室이라 소개해주었다. 그 옆에 사랑채로 사용하였던 충의당이 서 있다. 경상북도 민속자료 제99호로 지정된 충의당은 원래 흠흠당이라 하였는데 1760년 그의 후손이 중수한 후로부터 충의당이라 하였다. 앞면 4칸, 측면 2칸의 팔작지붕에 홑처마 집이다. 오른편에 마루 2칸, 왼편에 온돌방 2칸으로 배치하였으며 방 앞에는 툇마루를 놓았다. 그 뒤편에 충렬사忠烈祠란 편액이 달린 사당祠堂이 서 있고 뒤로 돌아가면 잠와고택인 안채가 서 있는데 마당에는 잔디가 깔끔하게 정리되어 있다. 지금도 그의 후손이 생활하고 있어 조심스럽게 지나쳐 나와야 하였다. 주로 아녀자들이 출입하였던 작은 쪽문을 통하여 밖으로 나오니 충노각忠奴閣이 서 있다.

충성스러운 노비 기별과 옥동를 기리는 비석으로 '故忠奴玉洞 寄別不忘碑고충노옥동 기별불망비'라 새겨 놓았는데 최진립 장군의 후손들이 세웠다고 한다. 병자호란 때 용인전투에서 최진립 장군은 노비들에게 집으로 돌아가라고 하였지만 이를 마다하고 "주인이 충신으로 나라에 몸을 바치려는데 어찌 충노가 되지 못하겠습니까?主爲忠臣 不爲忠奴乎"라고 하며 끝까지 싸우다가 주인과 함께 전사하였다고 한다. 참으로 충성스러운 노비의 정신 앞에 코끝이 찡해오는 감동적이 이야기이다. 그들은 노비이기 전에 충성스러운 백성임에 틀림없다. 그래서 경주최씨 후손들은 최진립 장군의 제사를 지낸 다음 상을 물려 두 노비를 위해 제를 지내고 있다고 한다. 반상의 신분의 구별이 엄격하였던 시절부터 지금까지 양반들로부터 비난을 받으면서도 꿋꿋하게 그 전통을 이어져 온다고 한다. 그 옆에는 우람하게 높이 솟은 회화나무 한 그루가 서 있다. 최진립 장군이 직접 심었다고 하는데 참으로 신기한 이야기가 전해져 온다. 이 나무는 우리나라가 일제에 의해 을사늑약이 강제로 체결되었던 1905년에 고사하였다가 해방되던 해인 1945년에 갑자기 회생하였으며 6.25전쟁을 거치면서 여러 차례 불에 탄 이후에도 여전히 푸른 잎을 틔우고 있다는 점이다. 나무 앞에는 '貞武公潛窩崔先生諱震立手植정무공잠와최선생휘진립수식' 을 새긴 빗돌이 서 있다.

청백리 정무공 최진립 장군과 관련한 각종 유물이 전시되어 있는 전시관은 출입문이 잠겨있어 들어가 볼 수가 없어 아쉬움이 남는다. 안채나 사랑채 고방 등을 살펴보면 부잣집이라고 느껴지는 부분이 전혀 없다. 여느 여염집과 마찬가지로 소박하고 단정하다. 아마도 청백리의 표상이 된 최진립 장군이 평소에 청렴하고 검소한 생활을 하였으니 그의 가옥도 크지 않고 위압적이지도 않으면서 다만 위엄이 느껴질 따름이다.

그래서 그런지 경주 최부자댁에서 400년간 면면이 이어져 온 6훈六訓이 생각난다. 과거를 보되 진사 이상 벼슬을 하지 말 것이며 만석 이상의 재산은 사회에 환원하고 흉년에는 땅을 사지 말며 과객을 후하게 대접해야 하며 주변 100리 안에 굶어죽는 사람이 없도록 하고 새로 시집온 며느리는 3년간 무명옷을 입어야 한다는 교훈을 지켜온 것이다.

시골 동네에 작은 공원, 나라 위해 몸 바친 최진립 장군의 숨결이 고스란히 전해지고 있는 곳, 주위에 굶어죽은 사람이 없도록 무한히 베풀었던 집, 그러함에도 화려하지 않고 소박한 충효당을 비롯한 여러 채의 집이 그 유명한 부잣집이었다니 그저 무한한 존경심이 우러난다. 가진 만큼 만족하면서 조용히 소리 소문 없이 베풀어가면서 살아가는 모습이 진정한 삶의 이미요, 행복이라 여기는 기회가 된 듯하다.

어사출두요

세상이 어수선함인가. 큰 모임에 역할을 맡은 임원이 주요한 회의를 소집해 놓고 불참하니 회의가 제대로 돌아가겠는가? 불만을 진정시키고 내용을 알아보니 첫 번째는 관련 상부부서에서 불시에 점검을 나온 것이고, 두 번째는 특별 감사기관에서 예고 없이 기관의 일부를 대상으로 엄습했기 때문이란다. 그러니 참석자들의 십구십언十口十言이 난무하기 마련이다. 이번처럼 감사주체가 옛날 암행어사와 같이 사회를 암행한다면 어사출두 령이 요란할 것이라는 농弄에 웃음이 기득했다.

회의가 끝나고 한가해져 감찰의 내용을 더듬어보니, 옛날에도 요즘처럼 일반어사와 암행어사 두 종류가 있었다. 일반어사는 공개적으로 지명되고 출발과 현지에서 하는 일도 공개적이며 이조吏曹에서 선발해 파견하여 각 지방의 관리가 수행하는 업무를 감독하는 것이다. 그러나 암행어사는 천거한 인물 중 왕이 임명하고 봉서封書와 사목司牧을 받아 출발했다. 봉서와 사목의 내용에 따라 비공개활동을 해야 했다. 그리고 암행어사가 귀환하면 서계書啓와 별단別單을 제출해야 하고 만약 제출하지 않거나 대필한 사실이 들어나면 추고推考를 당하고 처벌을 받는다. 다만 서계의 제출은 필수이지만 별단은 권장사항이었다.

암행어사 제도는 조선조 중종 11년(1517)부터 시작해 고종 29년(1892)까지 지속되었으며 전라도 어사 이면상을 끝으로 폐지되었다. 조선왕조실록『朝鮮王朝實錄』에는 사헌부의 당하 관원을 행대行臺 또는 행대감찰行臺監察이라 해서 지방에 파견할 때 염문규찰廉問糾察의 편의상 비밀리에 파견해 잠행체찰潛行體察을 했다던가, 암행규찰暗行糾察을 했다는 기록이 보인다. 그리고 암행暗行을 전제로 불시분견不時分遣 · 출기불의出其不意 · 성기도종省其徒從 · 제기선정除其先聲: 행방을 알리지 않은 것 · 추생분견抽栍分遣: 추첨분견, 암행어사가 행선하는 군·현(郡·縣)을 왕이 추첨함 등의 기사도 실려 있다. 당시 그들의 성과가 암행어사 탄생의 계기가 된 것으로 짐작된다. 태조 1년(1392)에 의주를 비롯한 국경지대에 불법적인 월강무역越江貿易을 금지시키기 위해 조선시대 최초로 행대어사行臺御使를 분견派遣한 예가 있다. 행대어사와 경차관敬差官: 특수 임무를 띠고 지방에 파견된 관직의 주요 임무는 수령 · 감사 등 지방관(과) 및 토호土豪 · 향리鄕吏 등 지방 세력의 불법탐학貪虐을 규찰糾察하는 것이었다.

태조부터 태종 때까지 암행어사의 임무는 수령의 권한을 강화하고 중앙집권적인 체제를 정비하던 시기로, 이들은 수령보다 토호 등 지방 세력의 불법을 집중적으로 규찰하였다. 반면 세종 때부터 단종 때까지는 부민고소금지법部民告訴禁止法의 시행과 더불어 수령의 권한이 확대되고 집권체제가 정비되면서 수령의 무능과 비리를 적발하는 것이 주가 되었다. 이후 선종 때까지 지속적으로 행대어사가 파견되면서 지방제도 정비와 왕권강화정책의 일환으로 이 제도를 더욱 보완 발전시켜 나간 것으로 보인다. 세조와 성종 때에는 대행어사의 품계가 수령과 같은 6품에서 불법수령을 직단直斷할 수 없는 한계가 있어 이를 시정하였다. 즉 5품 이상의 관료에게 대관직臺官職을 겸임시켜 3품 이하의 관원에 대한 직단권을 발휘할 수 있는 분대어사제도分臺御史制度를 시행하여 수령규찰의 임무를 전담시켰다. 이후 지방관들이 자신의 직분이 안정되면서 이를 이용해 백성에 대한 탐학과 질고疾苦를 은밀히 대행하는 예가 많았다. 이에 대행어사가 소기의 성과를 달성할 수 없게 되자, 대행어사를 보완할 수 있는 효과적인 수령감찰의 방법이 강구되기 시작했다.

암행어사라는 말이 처음 보이는 것은 중종 4년(1509) 11월 정묘 조에 부원군府院君 김수동이 "근일 암행어사를 분견分遣해 수령의 범죄를 적발하는 것은 편치 못한 일이오."라고 한 말에 나타난다. 그러니 어사라는 용어는 382년간이나 사용되었던 것이다. 암행어사 파견에 대해서는 반대의견이 있었으나, 역대 왕들은 이를 꾸준히 시행했다. 그리고 임진왜란과 병자호란으로 왕조정치가 점점 쇠미해지자 더욱 빈번히 파견되었으며 제도적으로 정비되고 발전 되었다. 해서 광양에 암행어사 박문수가 지나간 것은 영조 때인 1727년 따뜻한 봄날, 영남 쪽에서 섬진강을 건너 광양을 경유할 때 성황에 소재한 주막에 들러 국밥 한 그릇을 먹고 쉬면서 한 말로 "사람이 살기 좋기는 全羅道 之 光陽이요, 光陽 之 星皇"이라는 말을 남겼다고 전한다. 그러고 나서 순천부順天府에 도착해 보니 모某 부사가 부적절한 일을 저질러 말썽이나 있어 어사출동을 알렸다고 한다. 이로 인해 초립을 쓰고 이곳을 지나간 사람이 어사라는 것이 알려지게 된 것이다.

어사는 어떤 사람인가? 왕의 특명을 받고 지방에 파견되는 임시관리를 가리키는 말이다. 어사는 당하관堂下官, 종 3품 중에서 선발했음으로 직급은 높은 편은 아니었다. 조선조는 정 3품을 기준으로 그 이상은 당상관으로 문신은 통정대부, 무신은 절충장군이라 했으며 종 3품은 당하관이라 불렀고 문신은 통훈대부, 무신 어모장군으로 분류해, 상관은 중신대접을 받았지만 당하관은 그러지 못했다. 그래서 당하관 중 승정원과 삼사인 예문관 등 임금을 직접 모셔서 임금과 친분이 있는 신료 중에서 선발하여 정 3푼 이상의 권한을 주었다. 어쩌다 당상관이 선발되면 그를 어사御史가 아닌 어사御使라는 명칭을 부여했다.

규찰을 마치고 돌아온 어사는 왕에게 보고할 때는 서계書啓: 성읍 관찰에 관한 특별지시사항에 관한 결과와 별단別單: 서계를 보충하는 내용을 작성한 첨부문서을 각각 한 통씩을 작성해 어전에 제출하는데, 그 내용은 법도에 의해 조목조목 기술한 것이다. 특히 별단은 사목에 규정된 일반적인 폐정사항에 대한 개선책을 담은 의견서로 어사御使자신에 대한 평가기준이 되고, 다음 승진에 영향이 미쳤다고 한다. 다만 서계는 필수적이었으나 별단은 임의사항이었다.

어사는 업무를 수행함에 권한을 발동하나 권위와 명예만 있었던 것도 아닌 듯, 고단했고 위험도 있었다고 한다. 때로는 사고가 발생하기도 했는데 중종 34년(1539) 강원도에 파견된 암행어사 송기수는 강릉에서 수령의 비리를 증명할 수 있는 불법문서를 적발하고도 이를 도난당했고, 5년 후에 전라도 암행어사 홍양한이 태인현에 이르러 독살로 추정되는 살인을 당하기도 했다는 기록이 있다. 그리고 암행어사의 신표身表는 마패馬牌가 유명하지만 실제로 마패의 용도는 역마驛馬를 이용할 수 있는 증표로 암행어사뿐만이 아니라 지방에 출장出場을 가는 관원들도 소지한 례가 많았다. 그러므로 암행어사의 신표로는 마패보다 유척鍮尺이 더 확실하다고 할 것이다. 유척은 놋쇠로 만든 자(尺)를 말하는데, 어사에게 반드시 2개가 지급됐다. 하나는 죄인을 매질할 때 쓰는 태笞나 장杖의 형구가 법의 규정에 맞는지 실제 확인하는 것이고, 다른 하나는 토지의 거래를 위한 측량, 시정市政에서 면사綿絲의 거래, 세금징수의 면포綿布 등 길이 준수사항을 확인할 때 사용했다.

암행어사로 선정되면 왕으로부터 봉서와 사목을 받았다. 봉서는 일종의 임명장으로 임명취지, 감찰대상 지역의 명칭, 임무에 대한 사항 등이 조목조목 나열되어있고, 구체적인 행동강령까지 적고 있다. 사목은 출발부터 돌아올 때까지 기간과 거리, 숙박 장소가 지정돼 있고 돌아오는 길까지 명시돼 있었다. 또한 사목은 봉서를 보완할 목적으로 직무상의 준수 규칙과 감찰목적 등이 구체적으로 기재된 복무수칙이다. 그런데 봉서의 표면에 도남대문외개탁到南大門外開坼이라 적혀있었다. 그것은 남대문 밖에 가서 열어보라는 뜻이고, 봉서를 받으면 즉시 출발해야 했다. 어사가 지방관아 안에 들어가면 수령首領의 비리를 탐지하기 위해 변장(남루한 옷과 찢어진 삿갓으로)하고 풍진노숙하며 여론을 듣고 지방관이 백성들로부터 원성이 있는지, 선정을 베푸는지 염탐 후, 고을에 들어가 수령의 관가에서 개좌하는 것을 출두라 한다. 그 방법은 관가의 삼문三門을 역졸이나 대리大吏가 두드리면서 큰 소리로 "어사출두요!"를 외친다.

암행어사의 주된 임무는, 조선초기에는 지방수령의 임무인 7사『농사와 양잠을 성하게 하고, 호구를 늘리며, 학교를 일으키고, 군정을 닦고, 부역을 고르게 하고, 소송을 간명하게 하며, 간활奸猾: 간악하고 교활함을 그치게 할 것』를 제대로 거행하고 있는지의 여부와 실적 허위보고 유무 등을 조사하는 것이었다. 부정 등의 증거가 명백한 자는 가두고 국문 또는 신문을 할 수 있도록 어사의 권한을 강력하게 규정하였다. 그리고 궁금한 것은 어사에게 여비는 얼마를 주었을까? 인터넷에 보면 여비는 줄 때도 있었고 안 줄 때도 있다고 기록하고 있지만 믿을 수가 없다. 어느 자료에는 소금과 쌀 약간 그리고 굴비 한 두름(20마리)을 지급했다는 것을 보면 어사와 나졸大吏이 밥이나 국밥은 사 먹買食을 수 있으나 반찬이 변변치 못함을 감안한 것이라 보인다.

어느 고을에서 "어사출두요"가 울려 퍼지면 암행어사는 잠정적인 장소에서 유유히 관가로 행차하여 수령과 이속吏屬의 영접을 받으면서 동헌東軒의 대청에 개좌開坐로 착석着席한다. 그리고 번열反閱, 公文書의 檢閱과 번고反庫, 倉庫의 검열을 한다. 불법문서가 현장에서 발각되면 수령의 관인官印과 병부兵符를 압수하고 창고에는 '봉고封庫'라고 백지에 2자로 쓰고 마패馬牌로 날인捺印하여 창고 문에 붙인다. 봉고封庫가 붙여지면 관군이 이를 지키고 어사의 허락 없이는 아무도 접근하지 못한다. 그리고 감옥監獄에 수감된 죄수罪囚를 점검하고 억울한 사람이 있으면 재심再審해서 풀어주고, 양민을 괴롭히는 향토제후를 적발하면 체포구금하고 처벌했다. 수령 이외의 향리는 어사가 직단直斷파직 하였으나 수령이 파직에 해당하는 죄를 적발하면 문서와 내용을 어전御前으로 보내 왕이 이를 보고 조치토록 했다. 요즘처럼 법원의 판사가 없었기 때문이리라, 이야기가 지루해졌으니 이만 덮고자 한다.

수필

최건차

나의 영도다리

자갈치로 달려가 '꼼장어' 볶음으로 저녁을 주문했다. 캭~ 캭거리며 가까이 나르는 갈매기들이 나를 알아보고 반기는 것 같아(?) 더 잘 보이는 영도다리 쪽으로 자리를 옮겨 앉았다. 옆 자리에서 생선회를 놓고 소주를 거나하게 마시던 중년의 두 사나이가 나더러 어디서 왔느냐고 묻는다. 수원에서 방금 내려왔는데 오늘은 늦었고 내일 낮에는 영도다리를 건너가 볼 참이라고 했다.

둘이서 하는 말이 "바라, 요새 영도다리가 쪽팔리고 있다이가"라는 것이다. 나를 향해 에둘러하는 말인 듯싶어 정색을 하고 물었다. 나는 피난시절 매일같이 영도다리를 건너서 학교에 다녔기에 그때가 생각날 때면 가끔 내려온다. 오랫동안 들지 못했던 영도다리가 다시 드는 것을 구경도 하고, 이전에 살았던 동네와 해안 '갈맷길'을 찾아볼 생각이어서, 무슨 일이 생겼는지 알고 싶었다.

내킨 김에 한마디를 더했다. 수년 전에 공전의 히트를 한 '친구'와 최근의 '국제시장'이라는 영화의 배경과 그 시절 인물들이 나를 포함한 내 친구들의 이야기라고 했다. 금방 감을 잘 잡았는지 이내 깍듯한 자세로 "어르신요, 그 놈의 다리가 12시에 〈굳세어라 금순아〉라 카는 현인의 노래에 맞추어 신나게 올라갔다가 내려왔는데 그마 안 서고 또 기올라가서 안 내려온기라요. 구경꾼들도 억수로 많았고 일본광관 객들도 있었다카는데 우째됐겠는기요"라는 것이다.

그간도 선국에서 많은 사람들이 구경하려고 왔다가 허망했을 것을 생각하니 쪽팔리게 됐다는 말에 공감이 간다. 영도다리는 1935년 우리나라에서는 최초의 도개 식 연육교로 세워진 명물로 1966년까지 아침 10시와 오후 4시에 부산시내 쪽의 상판 한쪽이 올라갔다가 내려지곤 했는데 고장이 났다는 말을 들어보질 못했었다. 우리나라는 지금 전 세계가 인정하는 토목공사와 IT기술을 자랑하는 선진국이다. 영도다리를 최신 공법으로 도개跳開를 재개한지가 일 년도 못됐는데 고장이 난 채로 한 달째라니 짜증이 날만도 하다. 최신무기와 원자력 발전소의 불량부품들로 난리를 겪고 있는 터라 혹시나 하는 생각이 들어 씁쓸해 진다.

영도에는 다리가 몇 군데 더 생겼다. 원조 격인 영도다리는 47년 만에 롯데그룹이 1천억 원을 들여 폭을 4차선에서 6차선으로 넓혀 도개 식으로 재개통한 것이다.

내가 영도에서 살았던 1950년대도 영도다리 주변엔 구경꾼들이 많았다. 다리가 위로 열리면 큰 배들이 고동을 울리며 지나갔다. 중학생이었던 나는 조간신문을 배달하면서 학교에 다니느라 새벽에 집을 나서 영도다리를 건너 부산역으로 달려가야 했다. 매일 새벽 4시 우리 동네 명신교회에서 울리는 새벽기도회 첫 종소리를 듣고 간밤에 먹고 남겨 둔 수제비를 먹고 집을 나섰다. 비바람이 칠 때나 한겨울 새벽에 영도다리를 건너다녔던 때를 생각하면 몸이 움츠려진다.

태풍이 부는 새벽 영도다리는 몸이 날려갈 것 같아 난간 철주를 붙잡고 간신히 건너야 했다. 한겨울에는 옷깃 사이로 파고드는 칼바람에 살점이 떨어져 나가는 것 같이 아렸고 자주 연착하는 증기열차는 눈을 흠뻑 뒤집어쓰고 고드름을 줄렁줄렁 단 채로 도착했다. 지금과 같은 성향이 아닌 경향신문을 받아 광복동과 국제시장 일대를 뛰어 돌리고 지각을 하지 않으려고 산마루에 있는 학교를 향해 또 뛰어야 했다. 지금껏 내 하체가 튼튼한 것은 그런 시절을 겪은 덕분이라서 영도다리를 건널 때면 난간을 만지며 그때의 모습을 떠올려 본다.

영도에서 보낸 중학생 시절, 방과 후에는 남포동과 자갈치를 휘젓고 다녔다. 오후 4시 영도다리가 드는 시간에 맞추어 친구들과 어울려 다리가 거의 내려오는 순간을 기다린다. 교통순경의 눈을 피해 번개처럼 상판으로 뛰어 올라 달려가다가 반대편에서 기다리는 순경에게 붙잡혀 혼나기도 했다. 겨울철 영도 쪽 다리 밑은 숭어를 낚는 곳이다. 빨간 고무풍선 같은 것을 매단 낚시를 던지면 숭어들이 빨갛게 생긴 게 해로운 벌레인가 싫어 받아버리려다 바늘에 걸려 퍼덕거렸다.

영도다리 주변엔 구경거리가 많았다. 자갈치 쪽 다리 초입에는 점치는 집들이 즐비했고 담배꽁초를 주어서 파는 사람들도 모여 있었다. 영도 대평동 선착장에는 딴따라 약장수가 터를 잡고 있었다. 무슨 약을 파는지에는 관심이 없고 풀빵을 사 먹으면서 구수한 만담과 노래 가락이 재미있었다. 끝날 때쯤엔 젊은 여자가 색소폰으로 연주하는 '즐거운 나의 집' 에 흠뻑 빠져들었다가 배가 고프면 봉래동 선착장으로 달려가 큰 가마솥에서 펄펄 끓고 있는 꿀꿀이죽을 사 먹었다.

영도에서 송도 바다 위로 거대하게 놓여 진 남항대교의 가로등이 휘황찬란하다. 오늘 밤은 송도 쪽에 와있으니 걸어서 영도로 가 봐야겠다. 밤이 늦어서인지 건너는 사람들이 없어 가고파를 한껏 부르면서 높고 긴 다리를 건너 중학생시절 놀이터였던 등대를 둘러보고 영도다리로 향했다. 갈매기들도 잠자리에 들었는지 조용하게 깊어가는 밤, 난간에 기대어서니 지난 시절이 엊그제처럼 아른거린다. 과연 다리를 못 들고 있다는 안내문이 보인다. 사정이 어찌되었던 간에 '나의 영도다리' 라는 생각에 지금 이렇게 와 있는 것만으로도 마음이 설레고 기쁘다.

90세 노인, 하루와 악수하기

벌써 긴긴 여름날의 중심인 칠월도 들큼한 날들이 까만 숫자를 종종걸음 치더니 마지막 주 토요일에 머문다. 오늘도 어느새 반이나 지나가서 내일이 들어올 자리를 비워주려고 오늘을 접어 올리고 있다.

시간은 매정하다. 오늘이 가는 것이 아니라 내일이 밀고 다가오는 것이다. 그러면 어쩔 수 없이 오늘은 현재의 모든 것을 쓸어안고 어제가 되어 물러나고 내일은 새로운 오늘로 자리하기 마련이다. 그렇게 물러가는 오늘에 실려 세월은 흘러가고 인생도 낡아가는 것이다. 흐르다가 오늘과 물러나서 저만치에 날日들을 쌓아놓는다. 그러면 기다렸다는 듯이 내일이라는 이름의 또 다른 오늘이 시간과 손을 잡고 일상을 만들어간다. 그리하여 우리도 지나가는 하루를 지루하게 빈둥거렸거나 종종걸음 쳤거나 시간이 쌓아놓은 세월의 두께만큼이나 더해진 나이 앞에 겸허히 서 있게 된다.

혼자 사는 시동생의 집을 돌봐주러 가신 어머님을 기다리는 아버님이 심심해 보였던지 큰딸은 할아버지도 같이 가시지 그랬냐고 말을 건다. 옆에서 나는 "그래도 우리 집이 편하지요?" 라고 했더니 아버님은 이내 이맛살을 찌푸리며 응으으응 하고 알아듣지도 못하는 말씀을 하신다. 의외로 언짢은 반응에 잘못 들었나 하고 다시 한 번 여쭤보아도 똑같은 표정이시다.

순간 딸애는 어떻게 해 하는 걱정스러운 표정으로 나를 쳐다보고 나는 아버님의 얼굴에서 어두운 그림자와 주체 못해서 축 늘어진 시간을 읽는다.

내년과 내후년이면 연이어 구순이 되시는 아버님과 어머님의 하루하루는 햇볕아래 놓인 엿가락처럼 끝없이 길다. 맥없이 길게 흐물거리는 느낌이다. 두 분의 하루는 날日이 바뀌어 새 얼굴로 찾아와도 어김없는 그 모습 그대로이다. 아침식사 후에 9시 연속극을 보다가 나라에서 운영하는 사랑방인 노인정 대신 개인이 노인들을 상대로 장사하는 체험관으로 출근하신다.

그곳은 아무리 날씨가 궂어도 빠지지 않고 모범생마냥 찾아오는 노인들을 친절이 넘치도록 반갑게 맞이한다. 뜨끈뜨끈하게 데어놓은 여러 대의 건강 운동 기구와 기계에 번호표 순서대로 앉히며 '건강과 장수' 라는 인류 최대의 화두를 판다.

노인들은 장삿속인줄 뻔히 알면서도 상냥하게 대해주고 떠받들어 주는 재미에 이끌려서 체험관으로 모여든다. 시간의 흐름과 함께 시계처럼 열심히 살았던 노인들은 어느덧 세월이 건네준 백발의 지팡이를 의지하며 100세 시대만큼이나 늘어진 하루를 소비하기 위해 기꺼이 돈을 지불한다. 그리고는 그 값어치로 주머니에 꽁꽁 꿰찼던 쌈짓돈을 푼다. 빛바랜 세월만큼이나 마음이 약해진 노인들은 혹시라도 공짜로 기계를 쓰는 가난한 노인이라는 천덕꾸러기가 될까봐 슬금슬금 눈치를 봐가면서 그들이 권하는 건강을 보장해 준다는 물건들을 사 들인다. 세치 혀를 달콤하게 놀려서 마른 인삼을 하늘이 내린 천삼으로 둔갑을 시켜 엑기스 30포를 가지고 몇 십만 원으로 팔았다. 여기에 덤으로 흰 가운 입은 사람을 떡 허니 불러서 혈액 검사를 해준다고 요상한 기계를 손목에 채우고 할아버지는 뭐가 부족하시네요 할머니는 이게 부족하네요 하면서 의학용어를 슬쩍 곁들이는 작전을 편다.

그래서 체험관에서 받아온 흔하디흔한 인삼 엑기스의 출현은 집집마다 분란을 가져오고 이미 봉지를 뜯었기에 차마 도로 무르라는 말을 못하는 자식들의 마음은 숯검정이 된다. 우리 집도 "우리가 살면 얼마나 살겠니? 이게 마지막이다." 하시며 당신들이 안 쓰고 아끼면서 모아놓았던 꾸깃꾸깃한 주머닛돈을 풀어 턱 허니 천삼이란 것을 사들이셨으니 말리기가 어려웠다.

아버님 어머님은 바로 집 모퉁이만 돌면 번듯하게 이층집으로 잘 꾸며져 있는 경로당이 있는데도 놀러 가시지 않는다. 아버님은 왕년에 제 2대 치현노인회장으로 장기집권을 했는데도 경로당 말만 꺼내면 고개를 흔드신다. 그럴 때의 아버님의 얼굴에는 어떤 비장한 결기가 흐르며 결코 다시는 발걸음을 안 하겠다는 의지를 뿜어내신다.

"회장님이 풍을 맞았대. 아이고야, 어떻하다가……." 모두들 수군거릴 거라고 지레짐작을 하며 경로당 회장직을 내려놓고는 아예 그쪽으로 고개도 안 돌리셨다.

빳빳했던 아버님의 자존심이 허물어진 것은 아홉 해 전 유월의 어느 날, 뇌경색이란 병마에 쓰러지고부터였다. 그날 오전에 볼일을 보러 우체국을 다녀왔던 것을 끝으로 한 달 동안의 병원생활을 마치면서 아버님은 그동안 해왔던 사회활동을 내려놓으셨다. 말씨도 어눌해지고 몸까지 말을 안 들으니 스스로도 처량하신지 경로당에 가까이 붙은 공원에도 가지 않으셨다.

동네일이라면 구청으로 동사무소로 부지런히 뛰어다니며 여러 문제를 해결하시던 아버님의 그 정열이 이제는 공로패로 옮겨져 거실에서 얌전하게 꾸벅거리고 있다.

100세 시대의 노인들은 외롭다. 무한정의 시간이기에 새벽에 눈을 뜨는 것도 심드렁하다. 또 다시 하루가 찾아왔기에 일어날 뿐이다. 각자에게 주어진 환경으로 아침밥을 먹고 종로3가로, 잠실역으로 혹은 동네 체험관이나 노인정으로 시간을 소비하러 간다. 효자 노릇을 톡톡히 하는 공짜 지하철을 타고 걸을 수 있는 축복으로 하루와 악수를 한다.

하루가 모두에게 공평한 시간을 내어주면 젊은이들은 바쁘다고 종종거리고 노인들은 느즈러지며 시간을 소비할 걱정을 한다. 팔짱을 끼고 내일은 기웃거리며 기다린다.

시부모님은 오늘도 맏아들인 남편이 운전하는 차를 타고 시장통 2층에 있는 체험관으로 출근하신다. 꿈지럭거리며 걸을 수 있을 때까지 가신다는 마음이시다. 두 분은 그곳에서 오전을 소비하고 오후에는 집에서 쉬신다. 시간의 몸살을 앓는 100세 시대에 90세 노인이 하루를 잘 보내기 위한 궁여지책이시다.

童話

당나귀 레옹

엄마는 새로 산 내 바지를 매번 오른쪽 보다 왼쪽 바지 길이를 조금 짧게 줄인다. 나는 태어날 때부터 다리 길이가 서로 달랐다. 오른쪽 다리보다 왼쪽 다리가 2cm 정도 짧았다. 내 기억에 엄마는 종종 걱정 섞인 말을 했다.

'산하가 걷지 못하면 어쩌죠? 맘껏 뛰어다녀야 할 텐데……' 또 '걸음마 하는 걸 봐요. 제대로 서질 못하잖아요. 어떻게 해요?' 그때마다 아빠는 '괜찮을 거예요. 두고 봅시다.' 라든가 '생각해 봅시다. 걱정 말아요.' 하며 엄마를 다독였다.

나를 보는 엄마의 표정은 늘 흐린 하늘같았다. 나는 엄마를 올려다보며 '내게 밝게 웃어주면 얼마나 좋을까' 하는 생각을 했다.

두 달이 지나면 4살이 되는 때였다. 여전히 서 있기조차 싫어하는 걸 보고 엄마는 또 아빠에게 말했다.

"뛰지는 못해도 아예 걸으려고도 안 해요. 산하를 병원에 데려가야 될까 봐요."

"좀 더 지켜봅시다. 우리 산하는 잘 뛸 수 있어요."

아빠는 나를 응원하며 잘할 거라는 믿음을 심어주었다.

어느 날이었다. 아빠는 아침 일찍 말 농장을 하는 이웃친구를 찾아갔다. 그리고 그날 오후 아빠가 몰고 간 트럭에 당나귀 한 마리가 실려 왔다. 내가 4살 때 갓 태어난 당나귀 '레옹'이 우리 집으로 온 것이다.

나와 레옹은 우유도 나눠 먹고 사과도 같이 먹었다.

나는 비틀거리는 걸음으로 레옹을 따라다녔다. 레옹을 붙잡으러 쫓아다니던 내 두 다리는 어느새 부쩍 튼튼해졌다. 걸을 때마다 몸이 한쪽으로 기우뚱거리는 내 모습이 좀 이상하지만 아프진 않았다.

레옹이 나날이 자라 10개월이 되었을 즈음이었다. 아빠는 내 방 창문에서 마주보이는 곳에다 레옹 집을 만들기 시작했다. 비도 바람도, 추위도 더위도 막아주는 근사한 통나무집에 레옹을 데리고 갔다. 늘 나랑 같이 있던 레옹은 떨어져 있는 게 서운한지 자꾸 내 방을 바라보며 눈을 껌벅였다. 나도 밤이면 창문에 매달려 레옹을 지켜보다가 졸음이 쏟아질 때야 잠이 들곤 했다.

3년이 지나자 레옹은 근육에 탄력이 생기면서 힘이 붙기 시작했다.

어느 하루는 내가 점심을 먹고 나와 보니 마당에서 어슬렁거리던 레옹이 보이질 않았다. 그새 어딜 간 걸까 궁금했다. 나는 마당을 가로질러 대문 밖으로 막 뛰어나가려는데 멀리서 고함이 들려왔다. 그 소리 나는 곳으로 눈을 돌렸다.

"이놈의 못된 당나귀! 썩 꺼지지 못해!"

대쪽이란 별명을 가진 할아버지가 작대기를 휘두르며 도망치는 레옹에게 소리를 질렀다. 레옹이 허둥거리며 쫓겨 나에게 뛰어왔다. 그 뒤를 따라 할아버지가 잔뜩 인상을 쓴 채 대문 안으로 들어서며 다짜고짜로 말했다.

"이 놈이 내 밭을 쑥대밭으로 만들 판이었어. 어른 어디 계시냐?"

"우리 레옹이가요? 그럴 리가……."

나는 레옹을 보듬으며 말끝을 흐렸다. 밖이 소란스러웠는지 엄마가 부엌에서 나왔다.

"이 놈이 당근을 마구 뽑아먹고 짓밟아댔으니 어쩔 것이오? 밭을 망칠 뻔했단 말이오."

"어르신 죄송합니다. 앞으로 이런 일 없도록 잘 단속할게요. 애기 아빠 들어오면 바로 가보라고 할게요. 변상해드려야지요."

엄마는 여러 번 고개를 수그리며 용서를 빌었다.

"당나귀가 또 어떤 사고를 칠지 모르니 꼭 묶어 놓으시오."

할아버지는 못마땅한 표정으로 헛기침을 하고 돌아섰다.

그날 저녁 레옹의 목에 넥타이로 만든 목줄이 걸렸다. 나는 레옹의 머리를 쓰다듬으며 속삭였다.

"목이 아프면 엄마 몰래 풀어 줄게."

레옹이 힘없이 머리를 좌우로 흔들었다.

아빠는 레옹을 단단히 혼내고는 우리 고추밭 한쪽에 당근을 심으셨다.

나랑 레옹은 아빠 일터를 따라다니며 놀았다. 당근 밭에서 일하던 아빠가 우리를 향해 손짓했다. 당근 맛에 사족을 못 쓰는 레옹이 눈치 빠르게 달려갔다. 나도 뛴다고 뛰어보지만 속도가 나지 않았다. 레옹 꼬리가 이리저리 흔들리는 걸 멀뚱히 바라보며 난 걸어갔다.

레옹이 당근을 2개나 먹어치운 뒤에야 도착한 나도 당근을 받을 수 있었다. 아빤 목장갑으로 당근에 묻은 흙을 쓱 닦아 주머니칼로 잔뿌리를 쳐내고 주셨다. 나는 당근을 한입 베어 물고 곁눈질을 했다. 레옹은 기분이 좋아 꼬리를 좌우로 흔들면서 제몫으로 준 당근을 거의 다 먹어가고 있었다. 약간 흙내음이 섞인 달짝지근한 당근 맛이 내 입 안 가득 퍼졌다.

저만치 나무 그늘 아래서 우리를 바라보고 있던 아저씨가 다가왔다.

"안녕하세요? 요 녀석들을 보고 있으니 기분이 절로 좋아지네요."

"건강은 좀 어때요? 도시보다는 이곳이 훨씬 요양하기 좋은 곳이지요."

아빠가 밀짚모자를 벗으며 안부를 물었다.

"화가가 붓을 놓고 있었으니……. 하지만 이제 많이 좋아졌어요. 다시 그림도 그릴 수 있을 만큼이요."

난 그림이란 말에 귀가 솔깃했다. 게다가 화가라니, 아저씨 얼굴을 다시 보았다. 얼마 전 우리 마을에 이사 온 화가 아저씨는 몸이 아프다고 했다. 얼굴이 하얗고 마른 모습을 보니 많이 아픈가 보다.

화가 아저씨는 나에게 그림을 가르쳐주고 싶다고 하셨다. 다음날 아저씨는 내게 스케치북과 색연필 그리고 크레파스를 선물로 주셨다. 난 일요일마다 화가 아저씨와 그림을 그리게 되었다.

9월이 되면서 쪽빛 하늘은 더욱 맑고 높아 보였다. 레옹은 집 밖을 나가 돌아다니기를 좋아했다. 나도 함께 다니면 기분이 좋았다. 아이들은 나랑은 놀자고 하지 않으면서 당나귀가 지나가면 만져보고 싶어 했다. 그런 아이들 앞을 나는 보란 듯이 레옹을 어루만지며 지나쳐갔다. 나는 레옹을 데리고 마을 어귀로 나갔다. 마을 입구에는 오래된 감나무 한 그루가 있었다. 초록빛 감이 막 익어 가는지 노랗게 변했다. 나와 뛰어놀던 레옹이 감을 올려다보며 그 자리에서 얼음이 되어 꼼짝하지 않았다. 그 눈빛을 보다 못한 나는 감나무를 타고 기어올랐다. 감이 가장 잘 익었을 가지를 붙잡는 순간, 내 귀에 '뚝' 하는 소리가 짧게 들렸다. 그러고는 정신이 아득해졌다. 쪽빛하늘이 까맣게 변했다.

따뜻한 무엇이 내 얼굴을 문질러댔다. 정신을 차려 눈을 게슴츠레 떠보니 레옹이 혀로 내 얼굴을 핥아대고 있었다. 내 손에는 감이 달린 가지가 쥐어져 있었다.

나는 레옹의 침이 잔뜩 묻은 얼굴을 소매로 닦으며 일어서려 몸을 비트는 순간 엉덩이가 무척 아팠다. 나도 모르게 얼굴을 찡그리며 입에서 저절로 외마디 비명이 튀어나왔다.

"아!"

그러자 레옹이 낮은 자세로 내게 등을 내밀었다. 마치 자기 등에 타라는 것 같았다. 나는 신음을 내며 레옹 등으로 기어올라 납작 엎드려 목을 감싸 안았다. 레옹이 천천히 몸을 일으키더니 집을 향해 걸어갔다. 레옹이 발을 옮길 때마다 아픔이 반복적으로 느껴졌다.

나와 레옹을 본 엄마는 깜짝 놀라 달려왔다.

"도대체 어떻게 된 거야? 흙투성이 꼴이 말이 아니네. 둘 다 똑같이 개구쟁이가 돼서 탈이야."

엄마는 핀잔을 하면서도 레옹의 등에서 나를 덜렁 안아 올렸다.

그 일이 있은 뒤로 레옹은 나를 등에 태워 다니고 싶어 했다. 하지만 나는 걷는 게 더 좋았다. 자꾸 걸어야 다리가 튼튼해진다고 아빠가 말했다.

오늘은 일요일이다. 나는 달콤한 늦잠이 마냥 좋았다. 그런데 단잠을 깨우는 아빠의 큰 목소리가 들려왔다.

"산하야, 어서 일어나라. 레옹에게 가 봐야지."

한참 꿈속에서 친구들과 행글라이더를 타고 하늘을 날고 있었는데. 아, 정말 아쉽다.

아빠는 부지런한 농부이다. 이른 아침부터 일을 시작해 햇빛이 뜨거워지기 전에 서둘러 마무리한다. 그리고 오후에는 레옹을 타고 느긋하게 농작물을 둘러본다. 그러다가 사람들과 마주치면 "나는 게으른 농사꾼이요."라고 말하곤 했다.

초등학교 4학년이 되자 아빠는 내게 한 가지 임무를 주었다. 매일 아침 레옹에게 먹이를 챙겨주는 일이다.

아버지의 큰 소리가 들린 지 얼마나 지났을까. 나는 눈곱 붙은 눈을 끔벅이며 눈을 떴다. 주섬주섬 옷을 챙겨 입고 레옹에게 갔다. 그런데 레옹 집은 텅 비어 있었다. '레옹이 아침부터 어디 갔을까?' 집 주위를 둘러봐도 레옹 똥도 보이지 않았다. '아빠를 따라갔나?' 나는 빠른 걸음으로 뒤뚱이며 아빠 일하는 곳으로 갔다.

"레옹 밥은 준거니?"

"레옹이 없던걸요. 아빠도 못 보셨어요?"

"나 나올 때만 해도 있었는데……. 그새 레옹이 어딜 간 거지?"

"제가 늦잠 잔다고 레옹이 삐졌나 봐요."

"레옹도 삐지니? 하하하. 당근 밭에 가봐라."

나는 당근 밭을 살펴보았지만 그곳에도 레옹은 없었다. 솟아오른 해만 눈부시게 빛났다. 터덜터덜 걷는 내 뒤에서 화가 아저씨 목소리가 들렸다.

"산하야. 혹시 레옹 찾고 있는 거니?"

뒤돌아보니 레옹이 나를 향해 뛰어오고 있었다.

"어, 레옹! 너 어디 있다 오는 거야?"

나는 아저씨 물음에 대답은 뒷전이고 레옹에게 호통부터 쳤다.

"그렇게 혼내지 마라. 사정이 생겨서 데려갔어. 레옹이 아침부터 얼마나 큰일을 했는지 아니?"

"제게 말도 안 하고 데려가면 어떡해요. 얼마나 찾아 다녔는데요. 그런데 레옹이 무슨 일을 했어요?"

"내가 뒷산을 산책하는데 대쪽 할아버지가 꼼짝도 못하고 웅크리고 계시지 뭐냐. 헛디뎌 다리를 다쳤다는데 발이 뚱뚱 부었더구나. 급한 마음에 서둘러 레옹을 데려갔지. 할아버지를 레옹 등에 태워 집까지 모셔 들이고 오는 길이란다."

"레옹이가 그 대쪽 할아버지를 태워요?"

난 레옹의 큰 귀를 잡아당기며 물었다.

"응. 할아버지가 레옹이를 한참 쓰다듬더구나. 그러더니 '레옹아, 미안하다. 고맙다.' 하시던걸."

"……"

"아참, 어젯밤에 레옹을 그렸어. 궁금하지 않니? 아침밥 먹고 그림 보러 오너라."

"네. 금방 갈게요."

나는 늦은 아침을 먹고 레옹을 데리고 화가 아저씨 집으로 갔다.

화가 아저씨가 그린 그림 속에는 나를 태운 레옹이 넓은 초원을 힘차게 달리고 있었다.

화가 아저씨는 어찌 내 마음을 이렇게도 잘 알고 계셨을까?

레옹을 쓰다듬던 화가 아저씨가 물으셨다.

"이 녀석 이름이 왜 레옹이니?"

"백마를 탄 나폴레옹 그림을 봤어요. 레옹이도 그림 속 말처럼 멋지게 크길 원했거든요."

"허허 그래? 사실은 말이지, 나폴레옹은 나귀를 타고 알프스를 넘었단다."

"진짜요?"

나는 나귀라는 말을 듣자 두 다리에 힘이 들어갔다.

"네가 본 멋진 그림은 나폴레옹을 용맹스럽게 돋보이려고 그려진 거지."

화가 아저씨 말을 듣고 나는 마음속으로 그림을 그렸다.

갈기를 바람에 휘날리며 앞다리를 추켜올리고 거친 울음으로 포효하는 레옹과 그 등에 올라탄 나는 붉은 망토를 휘날리며 '앞으로' 하고 외치는 멋진 장군.

評論

평론 | 이정미

디지털 시대의 글쓰기와 문학

"궁극적으로 글쓰기란, 작품을 읽는 이들의 삶을 풍요롭게 하고 아울러 작가 자신의 삶도 풍요롭게 해 준다. 글쓰기의 목적은 살아남고 이겨내고 일어서는 것이다. 행복해지는 것이다."

– 스티븐 킹, 『유혹하는 글쓰기』에서

1. 여는 글 –새로운 글쓰기 방식

1990년대 중반에 컴퓨터가 들어오고 이어서 휴대폰 사용의 대중화와 함께 인터넷을 통한 글쓰기가 대중화되었다. 이로 인해 새천년도에 들어서서 디지털문화가 본격적으로 주도하는 시대가 되었다. 컴퓨터는 언어를 바꾸고, 문체를 바꾸고, 글쓰기의 양식을 바꾸고, 심지어 글의 사회적 의미도 바꾸었다. 또한 요즘 같은 영상매체, 디지털 시대에 사람들은 예전처럼 원고지에 글을 쓰려고 하지 않고 컴퓨터 키보드로 글을 쓰는 것과 스마트폰의 문자 메시지로 소통하는 것이 대중화되었다. 스마트폰과 영상문화의 발달로 생활의 편리함과 신속한 변화를 주는 동시에 시청각적 이미지, 이미지 중심의 영상 언어가 새롭게 나타났다. 디지털 시대의 이런 점이 글쓰기에 끼친 영향은 지대했다.

이 글에서는 디지털 시대에 새롭게 변모된 글쓰기의 양상을 문학의 위기 현상과 함께 살피면서 글쓰기의 새로운 방향과

범위를 모색하고자 한다.

2. 디지털 시대의 글쓰기와 문학의 위기 –존재보다는 의미

현대는 디지털 영상 미디어(이메일, 게시판, 각종 사이트, 블로그, 카페 등등)를 이용한 '미디어 글쓰기'의 시대이다. 비근한 예로 백남준의 설치 미술품 〈TV부처〉를 보자.

부처가 바라보고 있는 TV속의 부처인 자신의 모습은 카메라를 통해서 영상으로 재현된 모습이다. 한편의 글도 마음의 필터를 거쳐서 걸러진 결과물이다. 전자매체 시대에 인간은 부처님처럼 자신이 반영된 이미지를 통해서 자신을 성찰한다는 것을 뜻한다. 예전에 사람들은 절간하면 부처님이 위에 모셔진 앞에서 명상, 좌선을 하는 모습을 연상했는데 디지털 시대에 부처님도 자신의 모습을 카메라를 통해 반영된 이미지를 보면서 수행하다는 것이다.[1]

---

1) 이찬규 외 『글쓰기』, 중앙대학교 출판부,2010, 10쪽에서 인용. 이 글에서 〈TV부처〉에 대한 의견은 이 책의 내용과는 다르게 해석한 것이다.

이미지를 통해 생각을 유도하는 방식은 디지털 시대의 새로운 표현방식이다. 문자의 양을 적게 하고 생각을 유도하는 그림을 많이 넣는 편집방식을 택하고 있는 책도 있다. 시각적 효과를 위해서 활자는 커지고 내용이 가벼워지고 동영상이나 애니메이션과 같은 시각 이미지로 뜻을 전달하는 내용이 인기를 끌다보니 문자는 정보전달의 수단에 그칠 뿐 이성적 사유와 인식의 도구가 되려고 하지 않는다는 다소 부정적 의견까지 나오고 있는 실정이다. 문자적 의미의 약화는 어디까지나 표면적 현상이므로, 문자적 의미의 약화를 구실 삼아서 문자의 본래 기능까지 부정할 수는 없다.

디지털 매체로 인한 이러한 변화가 과연 글쓰기 자체의 근본을 완전히 바꾸어 놓은 것인가?

이에 대해 『구술문화와 문자문화』의 저자 월터 J 옹은 언어표현이 전자電子, Electronic 방식으로 변화된 현상이 '2차적인 구술성 시대'를 낳았다고 개탄했다.[2] 2차적인 구술성은 새로운 시대의 문화 의식으로 볼 수 있다. 전화, 라디오, 텔레비전 등이 현대를 2차적 구술성 시대로 만들었다는 것이다. 2차적 구술성은 인터넷 글쓰기에서 보듯 사람들의 현장성, 참여를 유도하는 점이 특징이다. 댓글쓰기, 이메일, 게시판에 자유롭게 글쓰기 등으로 인해 글쓰기 습관이 늘어난 점이 있으며 또한 스마트폰의 대중화와 페이스북, 트위터로 인한 개인들 간의 실시간 소통을 보라.

태초에 삶이 있었다. 사람들은 음성언어로 소통하기 이전에 생각을 했었다. 사람이 존재하는 한에 있어서 생각하는 행위는 영원하며 절대적

---

2) 월터 J 옹, 이기우, 임명진 옮김 『구술문화와 문자문화』, 문예출판사, 1995, 205쪽 참조

이다. 생각한다는 것은 철학적으로 말한다면 '나'를 주인공으로 세우고 '나'를 찾은 행위이다. 그래서 반성, 의심, 비판, 깨달음이 나온다. 사람은 생각하기 때문에 소통하고 발표할 언어가 생긴 것이다. 문자언어는 음성언어보다 뒤에 생겼다. 구술언어(음성언어)로 소통했던 시대는 가장 원초적이고 자유로운 소통 시대였다. 그런데 디지털 시대가 되자 2차적 구술언어 시대로 다시 돌아가고 있다는 것이다. 이 말은 의도적이고 다수 신중한 문자 언어 사용보다는 자유롭게 구술 언어를 즐긴다는 뜻이다. 소통을 하되 음성언어로 하듯 즉각적으로 부담 없이 하기 때문이다. 욕교반졸欲巧反拙, 장교어졸藏巧於拙, 천의무봉天衣無縫 등의 고사성어가 뜻하듯이, 그만큼 진솔하고 자연스럽게 표현한다는 것이다. 2차적 구술 언어 시대란 곧 디지털 시대의 구술성을 지칭하는 다소 역설적인 표현이다. 이것은 인터넷의 영상언어에서 보듯이 묵직한 문자언어 사용보다는 부담 없이 재미있게 전달하는 소통형태이다.

앞서 말한 대로, 디지털과 같은 전자문화 시대에 글쓰기가 이미지 중심으로 그 흐름이 바뀌고 있다는 것은 혁신적인 면에서 글쓰기의 특징을 좌우했다. 이미지는 일회성을 특징으로 하고 일회성은 시간적으로는 순간에 착안한다. 순간을 중시하는 일회성은 대부분 신기성과 기발함을 지향한다. 이런 현상은 자칫하면 문화에서 부박浮薄함이나 천박함으로 떨어진다.

이런 점에서 2차적 구술 언어 시대는 '문학의 위기'라는 말과 맥락을 같이 했다. 문학의 위기 현상은 디지털 매체의 정립으로 인해 인터넷 문학이 생긴 것과는 어떤 관계가 있는가? 물론 문학의 위기를 형성한 요인은 영상매체와 컴퓨터 외에도 신세대 작가들의 경향, 포스트모더니즘에서도 찾아볼 수 있다. 문학에서 사회, 국가, 분단, 역사 등의 거대한 관심사보다는 개별적 인간의 일상, 인간사, 소비, 욕망 등에 초점을 두는 경향과도 연관이 있다.

인터넷 문학(디지털문학)의 정립은 1996년 10월에 창간된 『version up』이란 잡지를 통해 기존에 있던 문학 장르의 경계를 없애고 창작과 비평을 통합하며 새로운 형태의 글쓰기를 실험적으로 시도한 것에서 시작하였다. 새천년도에 들어서면서 나타난 인터넷문학, 영상문학, 사이버문학, PC문학, PC통신문학 등은 인터넷 공간에 발표한 작품을 가리키는 것에 불과하지만 자연스럽고 자유분방한 표현을 추구한다는 그 나름의 특성이 있었다. 어쨌든 당시만 해도 '인터넷 공간에다 발표하는 글 digital text' 이라면 신비스럽게 여기던 추세였다. 그러나 그런 글도 결국 인쇄 매체로 변했다.

'문학의 위기 '란 말은 새천년이 시작되고 10년이 지난 시점에서 보면 합당성을 지닌 의견은 분명 아니다. 작가들은 글을 쓰는 방법과 환경만 변화했을 뿐 아날로그 글쓰기 정신은 살아 있고 현재에도 문학작품은 풍성하게 발표되고 독자와의 교류도 활발해지고 있기 때문이다. 그 이유를 컴퓨터 사용의 주체가 사람이라는 점을 들어서 설명하고자 한다.

현대 자본주의 사회의 특징은 대량소비와 빠른 진행이다. 1996년부터 인터넷과 핸드폰의 보급은 문학에서 다른 모습의 발달을 가져왔다. 2000년도에 문화관광부에서는 '2000년 새로운 예술의 해 문학분과위원회' 를 두고 과학과 문학의 관련 및 매체 문제를 거론하면서 사이버 문학의 가능성을 암시했다. 그 결과 예술 장르의 혼합, 테크놀러지 technology 커뮤니케이션, 과학과 예술의 문제, 문학의 새로운 방법, 문학표현의 확장과 방법 등등에 대한 논의가 나왔다. 새천년대에 들어서 디지털대학, 사이버대학까지 우후죽순으로 설립되다보니 이제는 개인학

습까지 시공간의 제약이 없이 가능해졌다. 그만큼 생활의 편리함과 신속한 변화를 추구하게 되었다.

핸드폰에 이어 2010년도부터 보급된 스마트폰은 사람들과의 소통을 편리하게 해주고 빠른 진행과 더불어 성급한 정서를 조장한 바가 있다. 수시로 어디에서든 검색이나 실시간 정보를 접하게 되었다. 스마트폰의 대중화에 이어 페이스북, 트위터로 인해 개인들 간의 실시간 소통이 가능해졌다.

그것은 아무리 짧은 분량이라 해도 결국 글쓰기로 인한 소통이다. 이런 시대적 변화를 디지털 문명과 영상 문화가 주도한 뉴미디어 시대라고 했다. 뉴미디어는 디지털 문명을 포괄한 말이다. 디지털 영상 미디어(이메일, 게시판, 각종 사이트, 블로그, 카페 등등)를 이용한 글쓰기를 한데 묶어서 '미디어 글쓰기' 라고 한다. 미디어 글쓰기는 기사문에서 광고, 생활글, 비평, 논문까지 다양하게 무한정하게 볼 수 있다. 우체통에 넣어서 보내는 편지를 컴퓨터 이메일이 대신한 것과 같은 것은 글쓰기의 환경변화일 뿐이다. 디지털 매체에 발표하는 문학은 종전의 문학에서 범위를 확장한 것뿐이다.

컴퓨터로 글을 쓴다는 것은 종전에 타자기를 치듯이 키보드를 치면서 문자언어를 출력하는 것을 말한다. 종이나 원고지에 펜으로 쓰던 종전의 아날로그 방식의 글쓰기가 워드프로세서Wordprocessor 쓰기로 대체되었다. 동시에 사이버 공간인 온라인 상에서 그 글을 발표하게 되었다. 키보드 글쓰기는 한층 빠른 속도를 자랑한다는 점에선 진보적이다. 또한 글의 수정을 빠르고 쉽게 한다는 점은 획기적이고 경이적인 장점이다. 이처럼 키보드 글쓰기는 글쓰기의 성격을 바꾸었다. 빠른 속도를 요청하는 컴퓨터 글쓰기는 예전처럼 많은 것을 생각할 수 있도록 많은 자료를 섭렵하면서 글을 쓰는 행위를 저해하는 경우가 없지 않아 있다. 그러나 많은 것을 생각하여야 할 학술논문, 보고서도 여전히 컴퓨터 글쓰기에 의존한다. 도서관에서 자료 찾는 작업은 여전히 아니 영원히 필수로 자리 잡고 있기 때문이다. 개인차가 있겠지만 종이에다 초고 쓰기 방식을 고수하는 사람도 있다.

독자로서는 책을 서점이나 도서관에서 보기도 하는 반면 이동 중에 자유롭게 전자책으로 보기도 한다. 휴대할 수 있는 과자 한 개 분량인 디스켓을 컴퓨터에 넣어 작동시킴으로써 긴 글을 읽는 현상이 대중화되었다. 인쇄매체 내용을 애초에 컴퓨터로 작성하였기에 가능해진 것이다. 이로 인해 전자책이 대중화되고 인쇄매체인 책이 사라질 것 같다는 우려가 생기고 동시에 문학의 위기라는 말이 나오기 시작했다.

문학의 위기란 문학 내적 요인보다는 문학을 둘러싼 환경의 변화에서 비롯된다. 이를테면 IMF로 인한 경제위기와 정보화시대가 가져다 준 독자들의 취향에서 비롯되기도 한다. 경제위기가 생존 문제의 심각성을 안겨주었다는 개별적 사정과도 무관하지 않다. 인문학적 사유의 빈곤, 영화 산업의 부흥도 문학의 위기를 조성하게 된 원인이다.

그러나 앞서 말한 대로 새천년이 되고 이후 10년이 넘도록 문학의 위기는커녕 문학은 더욱 풍성해지고 있다. 문학의 위기라는 우려는 한때의 추측에 지나지 않았다고 인정하고 있다. 이것은 사람의 기술적 조작을 필요로 하는 인터넷 문학의 활성화에서 찾아볼 수 있다. 컴퓨터와 인터넷 문학의 창조 주체는 사람이다.

디지털 시대 초창기에 인터넷이 문학작품 발표의 장이 되면서 '인터넷 문학'이란 말이 나왔다. 인터넷 문학의 특징 중 하나는 초창기에 모든 텍스트가 단 하나의 완결된 텍스트 형태로만 존재해야 한다는 고정

관념에서 탈피해서 독자가 저자 역할을 하면서 서로 자리가 바뀌는 경우까지 용인했었다. 이로 인해 인터넷 문학은 한때 단순하고 가벼운 글쓰기라는 오명을 얻었지만 그 반면 구체적이고 평범한 일상의 경험이 문학 행위로 자리 잡게 된 공적으로 인해 문학은 풍성해질 수 있었다. 인터넷 문학 그리고 키보드로 문서를 작성하는 습성이 문학의 존재 자체를 위협하는 것은 아니다. 2000년대의 문학을 보면 오히려 문학은 생산, 수용 면에서 풍성해졌다. 디지털 문학은 단지 문학 발표 매체가 원고지에서 컴퓨터의 '아래ㆍ한글'로 변화했다는 것뿐이다.

인터넷에다 문학작품을 발표하더라도 여전히 창작 의식은 작가의 상상력과 사고력을 요구한 채 존재한다. 아무리 기능이 우수한 컴퓨터도 결국 인간의 창조물이다. 문학이 인터넷 속에 존재한다는 것은 표면적으로는 기술적 뒷받침을 배경으로 한다는 것을 보여준다. 문학적 현상을 가능하게 하는 주체는 인터넷이라는 물리적 환경보다는 그 환경과 관계를 맺는 인간이다. 또한 사람의 독서 행위는 눈앞에 주어진 매체가 컴퓨터 모니터이든 인쇄된 글이든 간에 상관없이 이루어진다. 훌륭한 작품에 대한 인간의 가치판단이 존재하는 한 그리고 디지털 기기는 결국 인간의 조작으로 운영되는 한, 텍스트의 의미는 계속 살아남기 마련이다. 문학은 인간의 사유와 정서를 창조하는 공간이라는 정설은 불변한다. 문학은 어차피 인간의 체험, 사상, 정서 등에 의해서 생기고 발전하기 때문이다. 사회학적으로 보면 문학은 종교, 예술, 문화와 함께 사회적 산물의 하나이다.

문학은 인간이 어디에서 어떤 환경으로 존재하더라도 인간의 창작의식에 의해 창조되고 존재하고 의미한다는 것은 변함이 없다. 그런 점에서 디지털 매체의 편리함도 문학의 소재가 되어 왔다.

움직임이 정지된 복사기 속을 들여다본다
네모난 사각형의 투명한 내부는 고스란히 저마다의
어둠을 껴안고 단단히 굳어 있다
숙면에 든 저 어둠을 깨우려면 먼저 전원 플러그를
연결하고 감전되어 흐르는 열기를 기다려야 한다
예열되는 시간의 만만찮음을 견딜 수 있어야 한다
불덩이처럼 내 온몸이 달아오를 때
가벼운 손가락의 터치에 몸을 맡기면
가로 세로 빛살무늬, 스스로 환하게 빛을 발한다
복사기에서 새어나온 불빛이 내 얼굴을 핥고 지나가고
시린 가슴을 훑고 뜨겁게 아랫도리를 스치면
똑같은 내용의 내가 쏟아져 나온다
숨겨져 있던 생각들이, 내 삶의 그림자가 가볍게 가볍게
프린트되고, 내 몸무게가, 내 발자국들이
납작하고 뚜렷하게 복사기 속에서 빠져나온다
수십 장으로 복제된 내 꿈과 상처의 빛깔들이
말라버린 사루비아처럼 바스락거린다
살아서 꿈틀거리는 어떤 삶도 다시 재생할 수 있으리
깊고 환한 상처의 복사기 앞을 지나치면
누군가 지금 나를 읽고 있는 소리,
온몸이 뻐근하다

–배영옥, 〈누군가 나를 읽고 있다〉 전문, (『1999년 신춘문예당선시집』, 문학세계사)

이 시는 복사기라는 새롭고 편리한 문명의 이기利器 앞에서 지니게 되는 불안 심리를 나타냈다. 복사기에서 복사되는 과정을 '똑같은 내용의 내가 쏟아져 나온다'고 보며 '살아서 꿈틀거리는 어떤 삶도 다시 재생할 수 있으리'라는 긍정적 안목을 갖지만 결국 복사기가 나의 모든 것을 읽

고 보고 있다는 섬 함에 젖어본다. 이러한 주제는 참신한 것은 아니지만 편리한 디지털 시대의 이면을 연상하게 해 준다.

> 현금이 빠지지 않는다. 손가락이 떨리고
> 사막의 폭풍*은 시작되었다. CNN은 바그다드 시내의 폭발음을
> 생방송으로 들려주고 있다. 우리는 전쟁도 프로야구처럼
> 생방송으로 즐기게 되었다. 다국적군의 사기는 높고
> 현금이 빠지지 않는다. 손가락이 떨리고
> 수첩갈피에 적힌
> BC카드의 비밀번호를 확인해본다. 끼리리릭,
> 끼리리릭, 현금자동지급기의 검색은 계속되고
> 모래 밑으로 묻혀가던 병사들,
> 그들은
> 그렇게 죽어가고
> (하략)

-오정국, 〈현금자동지급기 앞에서의 불안〉 (최승호, 이경호 엮음 『내 몸이 시다』, 세계사, 2000)

2행의 '사막의 폭풍'은 걸프전에서 다국적군이 이라크를 공격할 때 '공격개시'의 뜻으로 사용한 암호령이다. 현금자동지급기는 인터넷과 마찬가지로 디지털 시대의 이기利器이다. 편안하게 먼 곳에서 벌어지는 걸프전을 텔레비전으로 방관자로서 감상하는 현대인은 현금자동지급기 앞에서 먼 곳에 있는 어떤 알 수 없는 위력으로 조종당하는 듯한 불안감에 휩싸인다. 디지털 시대는 현대인에게 또 다른 위기의식에 따른 정서를 심어준다는 것이다. 이런 현상은 문학의 소재를 풍성하게 해 준다는 점에서 문학적 가치가 있다. 새로운 사회 현상은 늘 충격과 긴장을 안겨

주었기 때문이다.

내 수첩에서 지워진 이름들. 지워지지 않았으나
어떻게 지내는지 궁금하지 않은 사람들.
살아 있지만 죽은 이들보다 멀어진,
싸늘해지기 조금 전의 미지근한 애정.
두 번 세 번 고친 형용사들. 정중함이 지나쳐 또는 모자라
전문적인 양념을 뿌린 의례적인 인사들.
우정이 끝났는데도 찍지 못한 마침표.
상대를 잘못 고른 문장들.
웃음거리가 되었을 지나친 솔직함.
그녀의 전화기를 뜨겁게 달구고
친구의 친구에게까지 배달되었을 스캔들.
항의하는 편지들, 안녕하십니까로 시작되는
재판 냄새가 나는 문서들, 내가 완전히 이해하지 못했던
그에게 보내지 못한 편지, 밤에 쓰고 아침에 검열한
기다리던 일은 일어나지 않았고
잔뜩 계획만 세우고 떠나지 못한 여행들,
어머니 앞으로 보낸 편지는 없다!
한 번뿐이었던 완벽한 하루는 저장되지 않았고
뚜껑이 열리면 걷잡을 수 없어
두 번 열고 싶지 않은 판도라의 상자.

– 최영미, 〈보낸 편지함〉 전문, (『문학동네』 2009 봄호)

이 시도 역시 인터넷 시대의 새로운 일상을 담고 있다. 아날로그 편지와는 달리 디지털 시대에 편리함의 부산물인 '보낸 편지함'이란 새로운 공간은 현대인의 권태를 확인해주고 있다. 보낸 편지함은 지나온 삶의

궤적이기도 하다. 편지에는 실수했던 일, 솔직했던 일, 항의했던 일, 의례적인 인사말로 오고갔던 일 등등이 있기 때문이다. 또한 대인관계란 지나고 나면 현재는 안부조차 궁금해지지 않는 삭막한 대인관계로 변색된다는 것을 보여준다. 보낸 편지함이란 추억을 들추는 계기가 되지만 과거 확인이 가져다주는 괴로움을 안겨줄 수 있다. 그래서 '두 번 열고 싶지 않은 판도라의 상자' 라고 했다. 정작 중요한 어머니에게 보낸 편지는 없다고 했다. 이 시는 편리한 디지털 시대가 낳은 새로운 정서를 보여주고 있다.

인간이 상상과 사고를 멈추지 않은 한에서는 문학적 상상력은 변하지 않으며 상상력과 창조력의 소산인 문학적 담론은 모든 디지털 매체 앞에서도 늘 생성되기 마련이다. 거꾸로 본다면 컴퓨터 안의 이미지와 가상현실도 결국 인간의 경험과 사고에서 만들어진다. 인터넷 문학이란 정보화 시대의 또 다른 문학 형태일 뿐이다.

이런 논리에 의하면 앞서 말한 2차적 구술 시대는, 문학의 위기라는 말처럼 우려할 일은 아니다. 2차적 구술 시대는 디지털 시대의 또 다른 현상일 뿐이다.

3. 인터넷 글쓰기와 아날로그 글쓰기의 화합, 문학의 풍성함, 영상 읽기

출판물의 홍수시대에 인터넷 검색창이 개방되다보니 누구나 어디에서든 글을 쉽게 많이 접하고 있다. 자신의 글을 가지고 컴퓨터로 누구나 쉽게 편집을 한다. 그러다보니 예전과는 달리 글이 상품화되는 일이 없지 않아 있다. 검색창에서 참조할 수 있는 글들도 많고 돈만 주면 대필해 주는 사람까지 생겼기 때문이다. 그러나 글은 어디까지나 개인의 독자적 능력으로 써야 하는 것이다. 돈을 주고 대필하는 것은 노력하지 않고 남의 지식을 사는 것에 불과하다. 검색창이 있다 해도 완벽한 지식을 보여주기에는 어차피 한계가 있기 마련이며 남의 글을 짜깁기하는 것은 일시적인 요식행위일 뿐이다.

이처럼 인터넷 글쓰기에서 나타난 글의 상품화는 온전한 글쓰기 현상은 아니다. 디지털 문학의 장점은 인터넷에서 댓글쓰기, 이메일이나 게시판에 자유롭게 글쓰기 등으로 인해 글쓰기 습관이 늘어났다는 점이다. 그렇다 해도 그것이 반드시 모든 사람에게 문학창작력이 향상된 것은 아니다. 제대로 된 글쓰기는 노력 없이 자유분방하게 글을 쓰게 만드는 인터넷 글쓰기에만 습관적으로 의존할 수 없다는 것이다. 독자적인 사고를 추구하는 글쓰기 수련 작업의 필요성은 아날로그 글쓰기 정신에서 시작한다. 그것으로는 종이에 쓰는 필사방법이 있고 키보드를 두드려가면서 하는 필사방법이 있다. 이것을 보더라도 아무리 디지털 시대에 전자 매체를 통해서 문자언어를 사용하고 활용한다는 것은, 원초적으로 문자언어를 수단으로 한 글쓰기 의식이 여전히 존재한다는 것을 보여준다. 이것이 곧 아날로그 글쓰기 정신이다.

글쓰기의 새로운 양상은 인터넷 글쓰기와 아날로그 글쓰기의 화합에서 찾아볼 수 있다. 그 주체는 모두 사람이기 때문에 그 근본은 아날로그 정신에서 출발한다.

사람이 생각하는 한에서 글쓰기는 필요하고 존재하고 있다. 모든 학문연구의 기본도 글쓰기에서 시작한다고 해도 과언이 아니다. 글쓰기 능력은 곧 학문연구의 능력이 된다. 글쓰기는 세상과의 소통이며 참여이고 개인적으로는 지식과 의미를 생산하는 행위이다. UCC, 영상언어, 영상문학이 발달했다 해도 독서 행위는 계속되고 있듯이 글쓰기도 계속되고 있다. 디지털 시대에 글쓰기는 우리에게 글쓰기에서 환경의 변화를 가져다 준 것이다.

사고의 바탕인 글쓰기에서 문학은 시작되었다. 사람은 글의 형태를 갖춘 문서를 접하면서 지식과 정보를 얻고 생각을 전하고 타자와 자아를 구분하게 되었다. 사람이 문학 텍스트를 읽고 쓰는 행위는 여전히 자신과 자신을 둘러싼 세상을 관찰, 감상, 해석, 분석, 평가하는 행위이다. 문학의 언어는 일상생활에 필요한 실용적 의사소통과는 달리 세계를 인식하는 창窓이 되며 자아와 세계를 발전시키려는 욕구에서 주체화되고 상징화된 상태로 나타난 것이다. 위에서 밝혔듯이 글은 결국 아날로그 글쓰기 정신에서 시작한다면 문학도 그와 같다. 전자책이 있다 해도 문학은 풍성해지고 문학의 위기란 말은 거론되기가 힘들다.

초창기 인터넷 문학에서는 기존 문학과는 달리 낭만적인 자기 과장, 편향적인 표현 방식에서 탈피하고자 하는 창작 태도를 주장했다. 진정한 현실을 담아내고자 하는 것이었다. 이것이 바로 문학적 상상력의 풍부함을 가져다주었다. 그러나 상상력이 곧 창조력이 되는 것은 아니다. 상상력은 무언가 새로움을 추구한 기발한 발상에 불과하다. 문학에서 구체적 사실의 제시와 상상력을 통해서 가벼움을 추구하는 것은 인터넷 문학이란 말이 사라진 지금에도 통용되는 문학적 현실이다.

인터넷 글쓰기와 아날로그 글쓰기의 화합을 통해 문학의 읽는 행위가 시각적 매체까지 확장되었다. 영상매체가 발달해서 스마트폰으로 사진을 찍어서 전송하고 사이트나 블로그에 동영상을 올리면서 이미지로 뜻을 전달하는 일이 많아졌다. 그러다보니 이미지, 영상매체도 결국 문자언어처럼 읽기의 대상이 된다. 요즘 영상문학에서 '영화를 읽는다' 란 말이 대세를 이루고 있다. 그래서 영상문학, 영화, 사진, 그림, 조각, 광고, 의복, 풍속, 퍼포먼스 등등까지도 읽히고 해석되는 코드가 되었다. 영화평론 분야가 있다는 것은 스크린에 펼쳐진 영화 내용 자체가 문자 언어의 대상이 된 것을 말한다. 영상매체와 문자로 표현된 작품은 각각 성격이 다르기 때문에, 일정한 기준이 없는 한에는 양자 간의 우월성을 역설할 수는 없다. 영상 매체는 문자로 표현한 것 이상으로 의미와 인상을 전달하는 효과가 있고, 반대로 문자언어는 영상 매체보다 풍부한 내용으로 상상력을 심어준다.

詩에게 ……

착각의 시학 사화집 제 10호

詩에게 말걸기

초판인쇄 2015년 11월 28일
초판발행 2015년 12월 4일

지은이_ 착각의시학연구회
발행인_ 이현자
발행처_ 도서출판 현자
기획 편집_ 이늦닢 조금래 이현자

등 록_ 제 2-1884호 (1994.12.26)
주 소_ (우)04550 서울시 중구 수표로 50-1(을지로3가)
전 화_ (02) 2278-4239
팩 스_ (02) 2278-4286
E-mail_001hyunja@hanmail.net

값 18,000원

ISBN 978-89-94820-19-4 03810

이 도서의 국립중앙도서관 출판예정도서목록(CIP)은 서지정보유통지원시스템 홈페이지
(http://seoji.nl.go.kr)와 국가자료공동목록시스템(http://www.nl.go.kr/kolisnet)
에서 이용하실 수 있습니다. (CIP제어번호 : CIP2015031820)